子どもと作る　アイディア無限大

かわいい壁面 & 部屋飾り

はじめに

「かんたん・かわいい壁面」「子どもと楽しく製作できるアイディア」はもちろん、「毎月作りたい物は決まっているけれど、どう飾ろう？」という現場の先生方の声にお応えしています。「子どもの育ちに合った製作や環境にしたい」「いつもと違う飾り付けにしたい」の参考になるヒントやアイディアもたっぷり紹介しています。

特長その1　壁面・部屋飾りがたっぷり！
かわいい季節の壁面・部屋飾りと誕生表、合わせて86点！　更に部屋飾りのアレンジも合わせると、115点の大ボリュームです！

特長その2　作品バリエーションもたっぷり！
「立体的に作りたい」「いつもと違う素材を使ってみたい」などの製作アイディアを、バリエーションたっぷりに紹介しています。難易度別に紹介しているので子どもたちに合った作品を選べます。

特長その3　育ちを支えるポイント付き
子ども一人ひとりの発達や個性、環境や援助を解説しています。子どもたちの想像力が膨らむ環境や、製作のときの援助など参考にしてみてください。

はじめに	1
さくいん 〜子どもの作品から探す〜	6
本書の見方	7

広がる バリエーション＆アレンジ付き

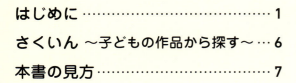

作品バリエーション

子どもの作品バリエーションを紹介しています。

部屋飾りアレンジ

壁面のほかにも部屋飾りとして飾るアレンジを紹介します。

- 壁面飾り
- つり飾り
- 置き飾り
- 窓飾り
- 笹飾り

→ アレンジ 壁

4月

- 進級うれしいな♪ 作 窓 …… 8
- お花畑からおめでとう！ 作 壁 …… 10
- 楽しいことがいっぱい★ 壁 …… 12
- ミツバチさん、こんにちは！ 壁 …… 13
- サクラが満開♪ 作 …… 14
- 窓飾り プカプカシャボン玉 …… 15
- つり飾り なかよし親子モビール …… 15

5月

- およげ♪ こいのぼり 作 つり …… 16
- ヒラヒラ♪ カラフルチョウチョウ 作 …… 18
- つり飾り ニッコリお花のモビール …… 19
- 置き飾り 四つ葉のクローバー探し …… 19

6月

- カタツムリの行進 作 置 …… 20
- どの傘にしようかな？ 作 壁 …… 22
- お気に入りのレインコート …… 23
- 置き飾り 雨が大好き♥ カエルさん …… 23
- るんるん気分のサクランボ♪ 作 …… 24
- つり飾り 天気になあれ☆ 作 …… 25

7月

- 七夕の夜空にGO！ 作 笹 ……………… 26
- 海底をのぞいてみると 作 つり ……………… 28
- 元気モリモリ！ 夏野菜 作 ……………… 30
- 真夏の風鈴マンション 作 つり ……………… 31
- 白クマくんのかき氷屋さん 作 置 ……………… 32
- つり飾り カミナリくんのアサガオ ……………… 33
- 置飾り おばけツアーに出発！ ……………… 33

8月

- 虫探しにレッツゴー♪ 作 置 ……………… 34
- 金魚すくいにチャレンジ！ 作 ……………… 36
- つり飾り 夏祭りがはじまるよ！ 作 ……………… 37
- 浮き輪で遊ぼう☆ 作 ……………… 38
- 元気いっぱいのヒマワリ ……………… 39
- つり飾り カモメのお散歩 ……………… 39

9月

- ブドウ狩りに挑戦！ 作 つり ……………… 40
- 大きなお団子のできあがり！ 作 置 ……………… 42
- キノコの音楽隊♪ 作 ……………… 43
- カラフルトンボがいっぱい！ 作 ……………… 44
- 元気いっぱいイガグリくん☆ ……………… 45
- ドア飾り もうすぐ運動会！ ……………… 45

10月

- 出てこい！ 大きなおイモ！ 作 置 ……………… 46
- ハロウィン城に集合！ 作 ……………… 48
- お気に入りのリュックで遠足へ 作 つり ……………… 49
- 森の仲間は芸術家 作 置 ……………… 50
- つり飾り まんまるリンゴのモビール ……………… 51
- 置き飾り 果物列車、しゅっぱ～つ!! ……………… 51

11月

- ミノムシさんがお出迎え 作 つり ……… 52
- 楽しい遊具がいっぱい☆ 作 ……… 54
- 森のフクロウ学校 作 ……… 55
- ネズミくんのアトリエにようこそ ……… 56
- 温かいシチューはいかが？ ……… 56
- ぽかぽか★サルの湯へようこそ！ 作 ……… 57

12月

- 靴下に願いを込めて☆ 作 置 ……… 58
- もうすぐクリスマス★ 作 置 ……… 60
- ワクワク！クリスマスパーティー 作 ……… 62
- サンタさんへお手紙を出そう！ ……… 63
- 置き飾り 雪だるまタウン ……… 63
- 手袋ファッションショーがはじまるよ☆ 作 ……… 64
- つり飾り 天使に願いをあずけて 作 窓 ……… 65

1月

- 今年の願いはなあに？ 作 置 ……… 66
- だるまさんと一緒にお祝い♪ 作 ……… 68
- きれいなツバキの羽子板☆ 作 ……… 69
- プクプクおもち 作 置 ……… 70
- 置き飾り もこもこかまくら村 ……… 71
- つり飾り ゆらゆらししまい ……… 71

作品バリエーション
子どもの作品バリエーションを紹介しています。 バリエ 作

部屋飾りアレンジ
壁面のほかにも部屋飾りとして飾るアレンジを紹介します。
- 壁面飾り
- 置き飾り
- 笹飾り
- つり飾り
- 窓飾り

アレンジ 壁

2月

- ❄ 鬼さんの雪合戦 作 アレンジ つり …… 72
- ❄ ドキドキ♥バレンタイン 作 …… 74
- ❄ つり飾り ぽかぽか洗濯日和 …… 75
- ❄ 動物さんたち、おやすみなさい …… 75
- ❄ スノーボードで GO!! 作 …… 76
- ❄ ようこそ！ペンギンランドへ バリエ 作 置 …… 77

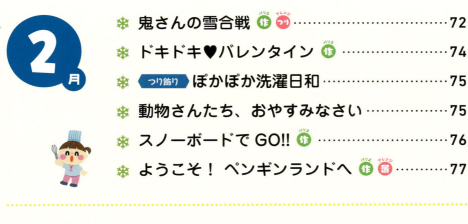

3月

- 🌸 おひなさまがポンッ！ バリエ アレンジ 作 置 …… 78
- 🌸 小学校へ向かってレッツ☆ゴー 作 バリエ アレンジ つり …… 80
- 🌸 おめでとう！進級パレード バリエ 作 …… 82
- 🌸 ケーキでお祝い！ 作 …… 83
- 🌸 思い出フラワー バリエ 作 置 …… 84
- 🌸 アリさんたちの隠れ家 …… 85
- 🌸 飛行機に乗って …… 85

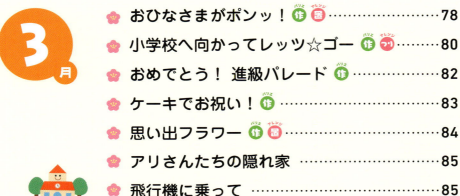

誕生表

- 🎁 森のパーティーのはじまり♪ アレンジ …… 86
- 🎁 ニンニン！かっこいい忍者の登場だ！ …… 87
- 🎁 おもちゃの大航海★ アレンジ 誕生月 …… 88
- 🎁 恐竜の赤ちゃんがうまれたよ！ 誕生月 …… 88
- 🎁 カラフル積み木で ABC アレンジ …… 90
- 🎁 フルーツパフェを召し上がれ♪ 誕生月 …… 90
- 🎁 大好きなケーキがいっぱい♡ 誕生月 …… 92
- 🎁 絵本の主人公が勢ぞろい☆ 誕生月 …… 93
- 🎁 気球に乗ってふわふわ アレンジ 誕生月 …… 94
- 🎁 キリン親子のお誕生会♪ …… 94
- 🎁 つり飾り 季節のリースでおめでとう！ 誕生月 …… 95
- 🎁 置き飾り クジラのお誕生ボード 誕生月 …… 95

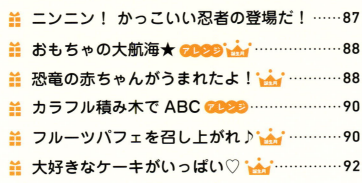

アレンジ 飾り方や作り方などを変えたアレンジを紹介しています。

誕生月 誕生月を特別に見せる工夫を紹介しています。

壁面製作術 …… 96　　便利な型紙 …… 98

さくいん ～子どもの作品から探す～

🍅 食べ物

アイスクリーム	32
イガグリ	45
イチゴ	9、13
カキ	51
かき氷	32
カボチャ	48
キノコ	43
サクランボ	24
サツマイモ	46、47
シチュー	56
ススキ	42
チョコレート	74
月見団子	42
ナシ	51
ブドウ	40、41
ミカン	51
餅	70
野菜（ナス・トマトなどの夏野菜）	30
リンゴ	51

🌷 植物

アサガオ	33
クローバー	19
サクラ	14
自然物飾り	50
シロツメクサ	19
ドングリ	50、54
花	8、11、19、84
ヒマワリ	39

🐟 動物・海の生き物

イカ	28
ウサギ	42
カエル	23
カモメ	39
金魚	31、36
コウモリ	48
魚	28、29
サル	57
タコ	28
タヌキ	42
冬眠中の生き物（カエル・カメ・クマ・ヘビなど）	75
トリ	83
ヒヨコ	15
フクロウ	55
ペンギン	77

🐝 虫

アリ	85
カタツムリ	20、21
カブトムシ	34、35
クワガタムシ	34、35
セミ	34、35
チョウチョウ	18
テントウムシ	18
トンボ	44
ハチ	18
バッタ	34
ミノムシ	52、53

🎏 行事・イベント

入園	10、11、12
進級	8、82、83、85
こどもの日（こいのぼり）	11、12、16、17
七夕（織り姫・彦星）	26、27
夏祭り（金魚すくい・ちょうちん）	36、37
十五夜（ウサギ・月見団子　など）	42
運動会	45
ハロウィン（おばけ・カボチャ・コウモリ）	48
遠足（リュック・弁当）	49
作品展	50、56
クリスマス（靴下・ツリー・サンタクロース　など）	58、59、60、61、62、63
正月（正月飾り・伝承遊び）	66、67、68、69、71
節分（鬼・豆まき）	72、73、75
バレンタイン	74
ひなまつり	78、79
卒園	80、81、84、85

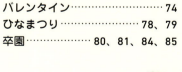

👦 その他

浮き輪	38
おばけ	33、37、48
温泉	57
傘	22
かまくら	71
気球	81
子ども	23、26、27、38、76、80、81、82、84、85
シャボン玉	15
スノーボード（スキー・ソリ）	76
洗濯物	75
だるま	68
ちょうちん	37
手袋	64
てるてる坊主	25
天使	65
飛行機	81、85
風鈴	31
雪だるま	63、64
レインコート	23
列車	51
ロケット	27、81

本書の見方

壁面の例をそのまま生かしたり、アレンジや様々なアイディアを取り入れたりして、子どもたちの作品で保育室を飾ってみましょう。組み合わせ次第でアイディアは無限大です！ 各コーナーを参考に製作活動に生かして、すてきな壁面作りを楽しんでください。

素材
色画用紙や色紙など、掲載壁面・部屋飾りを作るのに使用している素材を示しています。

部屋飾りアレンジ
壁面の他にも部屋飾りとして使えるアレンジをたくさん掲載しています。いつもと違った飾り方に、挑戦してみてください（4月は5月にも使えるアレンジを掲載しています）。

育ちを支えるポイント
子ども一人ひとりの発達や個性に合わせた環境や援助の仕方を示しています。子どもたちの想像力を膨らませたいときや、製作の際に参考にしてみてください。

飾り方のヒント
保育者が壁面を飾るときのヒントやポイントを示しています。

作り方
掲載壁面・部屋飾りの作り方を紹介しています。
😊…子ども
👩…保育者
で示しています。

Lv. ★★☆
難易度（Lv）は、★…2～3歳児、★★…4歳児、★★★…5歳児を目安にしていますが、内容を少し変えるなど、その子どもに合った製作を工夫してみてください。

作り方の表記について
・ ➔ （のりで）貼る
・ ✂ ―― 切る
・ ✎ 描く
・ 表記の無い素材は（色）画用紙を使用しています

作品バリエーション
子どもが作る製作のバリエーションを紹介しています。

4月

進級うれしいな♪

一つ上のクラスになった子どもたちがうれしそうにパレードに参加しています。これからたくさん楽しいことが待っていますね！

型紙 ▶ 98ページ
製作／とりうみゆき

素材 色画用紙、フラワーペーパー、モール、紙テープ、マスキングテープ、ひも、キラキラ色紙、リボン

作り方

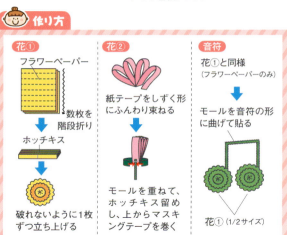

花①
フラワーペーパー
→数枚を階段折り
↓
ホッチキス
↓
破れないように1枚ずつ立ち上げる

花②
紙テープをしずく形にふんわり束ねる
↓
モールを重ねて、ホッチキス留めし、上からマスキングテープを巻く

音符
花①と同様
（フラワーペーパーのみ）
↓
モールを音符の形に曲げて貼る

花①（1/2サイズ）

育ちを支えるポイント

壁面の「花のアーチ」や「子どもたちのパレード」の楽しそうな姿が、進級への喜びと新しい生活・新しい友達への期待を高めてくれます。

作品バリエーション

フラワーペーパーを詰めて
ボトルキャップに詰めるだけの簡単フラワーです。

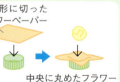

作り方 Lv. ★★★
ボトルキャップ → 正方形に切ったフラワーペーパー → 中央に丸めたフラワーペーパーを詰める
綿棒で木工用接着剤を底に塗る

パンチで穴をあけて
重ねた色画用紙の色が穴から見えていてかわいいですね。

作り方 Lv. ★★★
1枚にパンチで穴をあける
色画用紙2枚を重ねて、花の形に切る → 重ねて貼り、パンチで抜いた色画用紙を中心に振り掛ける → のり

紙パックを使ってイチゴ畑に！ 棚の上に置いて置き飾りにしてもいいですね。

飾り方のヒント

道の幅は手前を広く、奥を狭くすると壁面に奥行が出て、場面に動きが出ます。

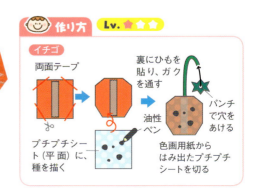

4月 お花畑からおめでとう！

新しい友達を迎えて、動物たちも大喜び♪
これからの園生活、一緒に楽しもうね。

型紙 ▶ 98ページ　　製作／イシグロフミカ

素材 色画用紙、色紙（色・柄）、フラワーペーパー、モール、スズランテープ、紙テープ、段ボール板

作り方

花①　巻く ペーパー芯 → 広げる 柄色紙を貼る

花②　色紙 飾り切り → 丸めたフラワーペーパー

花③　紙テープ 貼る → 5つを重ねて貼る 丸めたフラワーペーパー

チョウチョウ　モールをねじって縛る　スズランテープを2本（長・短）重ねる

育ちを支えるポイント

「入園おめでとう」の気持ちを込めて、保育室をカラフルな花で華やかに飾りましょう。3月に卒園児が作った花を使ってもよいですね。卒園児から新入園児へと気持ちが伝わりますよ。

作品バリエーション

おかずカップに丸シールを
思い思いに貼ってみよう！

作り方 Lv. ★☆☆

- おかずカップ
- ✂ (保育者)
- 丸シール

ぐるぐる切って
はさみでぐるぐる切って、花の形の土台に貼るとできあがり。

作り方 Lv. ★★☆

- 色画用紙を渦巻き状に切る
- ずらしながらのりで貼る

\ 5月にも使える /
壁面飾りアレンジ

5月では、花をこいのぼりの矢車にして飾ってみましょう。

作り方 Lv. ★☆☆

こいのぼり
- 紙コップ
- 丸シール
- 油性ペン
- 縦半分に切る
- 丸シール (1/2)

飾り方のヒント

段ボール板に絵の具を塗って草を作ります。何枚か重ねた段ボール板を裏に貼って、奥行きを出してみましょう。

- 重ねた段ボール板
- 裏に貼る
- 木工用接着剤

4月 楽しいことがいっぱい★

いよいよ新年度が始まりました！ 動物さんたちもかわいい雲のブランコにのって楽しそう。「園に行きたい！」という気持ちが高まるといいですね。

型紙 ▶ 99ページ
製作／あきやまりか

素材 フラワーペーパー、色紙（色・柄）、色画用紙、オーロラシート、段ボール板、カラーひも

飾り方のヒント

雲はひもでつるしているので、他の場所に移してつり飾りにアレンジしてもいいですね。

雲形に切った色画用紙の裏に段ボール板を貼る／カラーひも／穴をあける

作り方

花①
フラワーペーパー数枚を階段折り
↓ ホッチキス
↓ 端を切る
↓ 広げる

花②
色紙
4つ折り
↓ 半分に折る
↓ 切って開く
巻く
フラワーペーパー
切り込みを広げる

花③
柄色紙
階段折り
のり
↓ 4つを貼り合わせる
フラワーペーパー

周りに飾る花
花①（1/2サイズ）
↓ ホッチキス
↓ 広げる

育ちを支えるポイント

フラワーペーパーのふわふわ感が春らしい華やかな雰囲気を感じさせます。季節感いっぱいの壁面で、新入園児を温かく迎えましょう。

5月にも使える 壁面飾りアレンジ

5月は、雲からこいのぼりをつって、空を泳いでいるように飾ってみましょう。

作り方　Lv. ★★★

こいのぼり

ラッピング袋に入れ、裏で留めて口を閉じる

丸めたフラワーペーパー

油性ペンで顔や模様を描く

両面テープで裏から貼る

4月 ミツバチさん、こんにちは！

イチゴの花につられて、ミツバチさんがやって来ました。
羽の透け感がかわいいですね。

型紙 ▶ 100ページ　　　製作／とりうみゆき

素材　色画用紙、フラワーペーパー、色紙（色・柄・透明）

作り方

飾り方のヒント

葉に、様々な緑色を使ってみましょう。濃淡ができて華やかさアップ！柄色紙を使ってもかわいいですね。

＼5月にも使える／ 壁面飾りアレンジ

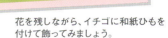

花を残しながら、イチゴに和紙ひもを付けて飾ってみましょう。

あ！イチゴだ！

作り方　Lv. ★☆☆

白いイチゴの花を少しずつ赤いイチゴへ貼り替えていきましょう。「あれあれ、なんだか昨日と違うよ」と気が付いてくれるでしょうか？

サクラが満開♪

大きなサクラの木で友達と一緒にブランコ！
サクラの花びらが舞ってきれいです。

型紙 ▶ 100ページ　　製作／イケダヒロコ

素材 色画用紙、和紙、片段ボール、オーロラシート、マスキングテープ、麻ひも

作り方

育ちを支えるポイント やさしい桜色に染めた和紙が、壁面全体に広がり、入園、進級で緊張している子どもたちの心を温かく解きほぐしますよ。

作品バリエーション

指スタンプで どんなサクラの花が咲くかな？

作り方 Lv.★★☆
指スタンプ　絵の具

和紙ひもを手足にして 顔を描いて花びらちゃんに。

作り方 Lv.★★☆
和紙ひも（裏からのりで貼る）

飾り方のヒント

色画用紙の上にオーロラシートを貼ると、キラリと光ってかわいいですね。

窓飾り
4月 プカプカシャボン玉

子どもたちの好きな物をのせて、
お空の旅へしゅっぱーつ！

型紙 ▶ 101ページ

製作／とりうみゆき

素材 色画用紙、キラキラ色紙、カラーセロハン、スズランテープ、ラッピング袋

育ちを支えるポイント
子どもたちが楽しみながら描く物を決められるようにことばがけしましょう。また、天気が良い日には色の付いた光が部屋に入ってきて、飾った後も楽しめますよ。

つり飾り
4月 なかよし親子モビール

ニワトリのたまごから生まれたのは、
かわいいヒヨコちゃんたち！

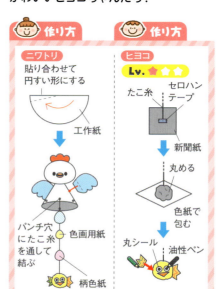

型紙 ▶ 101ページ

製作／とりうみゆき

素材 色画用紙、工作紙、色紙（色・柄）、新聞紙、丸シール、たこ糸

育ちを支えるポイント
丸めてしわになった紙に羽を貼るのがうまくいかない子どももいます。この時期の子どもたちが、「できた」と思えるように、のりではなく接着力の強い木工用接着剤などを使いましょう。

15

5月

型紙 ▶ 102ページ
製作／とりうみゆき
素材 色画用紙、フラワーペーパー、画用紙

およげ♪ こいのぼり

カラフルなこいのぼりが、お空を泳いで気持ち良さそう♪
はじき絵の技法を楽しみましょう。

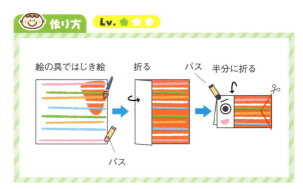

作り方　Lv. ★☆☆

絵の具ではじき絵 → 折る → パス 半分に折る

パス

育ちを支えるポイント

子どもたちには、模様を描くということが伝わりにくいときがあります。「ナミナミ線やギザギザ線を描いたり、小さな丸や三角を並べたりしたものが模様だよ」と伝えます。デザインすることの始まりですね。

作品バリエーション

様々な素材でカラフルに
半透明の素材がアクセントに。

作り方 Lv.★☆☆

スズランテープ、柄色紙、カラーセロハンなどで、自由にウロコを貼る

紙皿を立てて
ユラユラ揺れてかわいいですね！

作り方 Lv.★★☆

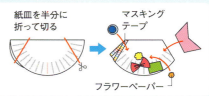

クレープ紙をウロコにして
衣装のようなウロコが華やかです。

作り方 Lv.★★☆

つり飾りアレンジ

カラフルなこいのぼりが仲良く並んでいます。封筒やクレープ紙の色、貼り方などに個性が出ますね。

飾り方のヒント
子どもたちが作ったこいのぼりから、保育者が作ったキャラクターが顔を出すように飾ると、壁面に動きや一体感が出ます。

5月 つり飾り ニッコリお花のモビール

緑色のストローを通しながら、一連のお花を作っていきましょう。最後はまとめてモビールにして華やかに。

製作／とりうみゆき

素材 色画用紙、スズランテープ、ストロー、ビーズ、ひも、丸シール

作り方 Lv.★★☆

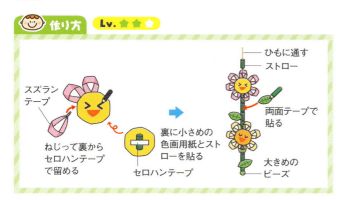

育ちを支えるポイント 花びらの輪の大きさや数が、一人ひとり違っていていいですね。様々な顔を描いて楽しみましょう。子どもたちの個性が光ります。

5月 置き飾り 四つ葉のクローバー探し

シロツメクサが咲く野原にやって来ました！ 幸せの四つ葉のクローバーを見つけられるかな？

型紙 ▶103ページ
製作／うえはらかずよ

素材 色画用紙、モール、毛糸、紙テープ、ストロー、厚紙、段ボール板

作り方 Lv.★★☆

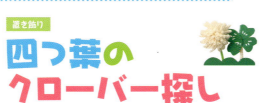

育ちを支えるポイント 園庭や散歩道で見たクローバーを思い出して作りましょう。「春にはどんな虫がいるかな？」と一緒に図鑑や絵本などを見てみるのもいいですね。

型紙 ▶ 103ページ　製作／あきやまりか

素材　色画用紙、色紙（色・柄・キラキラ）、和紙ひも

カタツムリの行進

こっちのアジサイからあっちのアジサイへ。虹の橋をカタツムリたちが元気に移動していますよ。

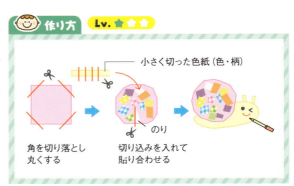

作り方　Lv. ★☆☆

小さく切った色紙（色・柄）

角を切り落とし丸くする → 切り込みを入れて貼り合わせる → のり

飾り方のヒント

和紙ひもに沿わせてカタツムリを並べてみましょう。カタツムリが並んで虹の橋を渡っているように見えます。

育ちを支える ポイント

殻は平面のまま（2～3歳）、切り込みを入れて膨らませる（3～4歳）、立体的な殻に好きな形に切った色紙を貼る（4～5歳）…など、子どもたちの年齢や経験に合わせて基本の作り方をアレンジして楽しみながら作りましょう。

作品バリエーション

透明容器を殻にして

殻の模様が透けてきれいですね。

作り方 Lv.★★☆

渦巻き状に切って

殻が飛び出て立体的に♪

作り方 Lv.★★★

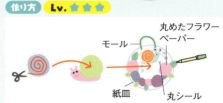

ペーパー芯を使って

色画用紙の帯をアーチ状に貼って、ぷっくりに！

作り方 Lv.★★☆

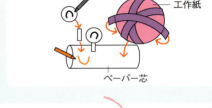

置き飾りアレンジ

カタツムリの下に色画用紙で作ったアジサイを敷くと、季節感がアップします。周りには赤ちゃんカタツムリも！

作り方 Lv.★★☆

アジサイ

4つ折りにした色紙 → 開く → 丸めたフラワーペーパー

6月 どの傘にしようかな？

カエルさんの傘屋さんには様々な模様の傘が並んでいます。あなたはどの傘が気に入ったかな？

型紙 ▶104ページ　　製作／くるみれな

素材 色画用紙、マスキングテープ、絵の具、リボン、キラキラ色紙

作り方　Lv. ★☆☆

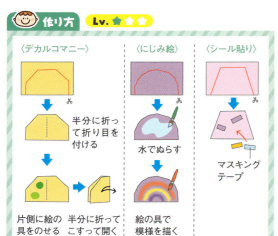

〈デカルコマニー〉
- 半分に折って折り目を付ける
- 片側に絵の具をのせる
- 半分に折ってこすって開く

〈にじみ絵〉
- 水でぬらす
- 絵の具で模様を描く

〈シール貼り〉
- マスキングテープ

作品バリエーション

フラワーペーパーで自由に飾って
ねじったり丸めたりすると、様々な模様ができますよ。

作り方　Lv. ★★☆
紙皿（裏面） → 水のり+フラワーペーパー → 曲がるストローをセロハンテープで留める → フラワーペーパー

遊べる 壁面飾りアレンジ

あめがふってきたー！

廊下や保育室の壁に短く切った太いストローをマスキングテープで貼り、作った傘を差し込むようにして飾ると、自由に遊ぶことができます。

育ちを支えるポイント
デカルコマニー、にじみ絵、シール貼りなど、子どもたちの経験やしたいことに合わせて技法を選びましょう。

6月 お気に入りのレインコート

雨の日は、レインコートを着るとワクワクしますね。こだわりをぎゅっと詰め込んで、お気に入りのレインコートを作りましょう。

作り方 Lv. ★★★

型紙 ▶104ページ

製作／降矢和子

素材
カラーポリ袋、色画用紙、モール、ティッシュペーパー、マスキングテープ、丸シール、透明色紙

育ちを支えるポイント

色画用紙で顔や手足を作るときはのりを使い、ポリ袋に貼るときには両面テープを使います。貼る物や貼り方が変わるときは、使う物をその都度出すなど、子どもたちに分かりやすいように工夫をしましょう。

6月 置き飾り 雨が大好き♥カエルさん

雨を楽しむカエルさんたち。今にも鳴き声が聞こえてきそう！散歩先で出会えるかな？

型紙 ▶104ページ

製作／あきやまりか

素材 色画用紙、乳酸菌飲料の空き容器、新聞紙、マスキングテープ

作り方 Lv. ★★☆

カエル / オタマジャクシ
乳酸菌飲料の空き容器
巻く
階段折り → 飾りを貼る

育ちを支えるポイント

色画用紙を切る、貼る、丸める、階段折りをする、といった紙製作の基本が多く含まれているので、これからの製作活動のために、しっかりとやり方を伝えておきましょう。

6月 るんるん気分のサクランボ♪

初夏を心待ちにしていたサクランボたちはるんるん気分。つやっとした見た目がかわいいですね。

型紙▶104ページ
製作/イシグロフミカ
素材 フラワーペーパー、モール、ビーズ、ポリ袋、丸シール、ビニールテープ

作り方 Lv. ★★☆

作品バリエーション

ガチャポンケースを使って
ぷっくりとした実がおいしそう!

作り方 Lv. ★★☆

布を切り貼りして
布を使うと温かみのあるサクランボになりますね。

作り方 Lv. ★☆☆

育ちを支えるポイント

フラワーペーパーを丸める様子を子どもたちの前で見せましょう。ひらひらの紙が手の中に隠れたかと思うと、くるくると丸まって出てきます。子どもたちもまねをしてみたくなるでしょう。

6月 つり飾り
天気になあれ☆

みんなのてるてる坊主を一緒に飾ってみましょう。
明日は晴れるかな？

製作／うえはらかずよ

素材 カラーポリ袋、綿、モール、ビニールテープ、丸シール、プチプチシート、色画用紙、スズランテープ

作り方　Lv. ★★☆

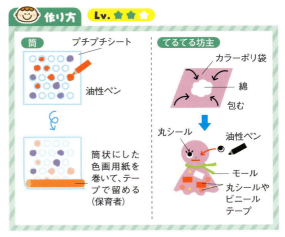

筒状にした色画用紙を巻いて、テープで留める（保育者）

育ちを支えるポイント

片方の手でポリ袋のしわを伸ばしながら、もう片方の手でシールやテープを貼ります。造形活動では、紙を回しながらはさみを使うなど左右の手で違う動きを求められることが多いです。楽しみながら経験を積むことで、できるようになります。

作品バリエーション

クレープ紙を使って
作り方　Lv. ★★☆

ぷっくり顔のてるてる坊主。リボンを付けて、おしゃれに！

好きな動物にして
作り方　Lv. ★★☆

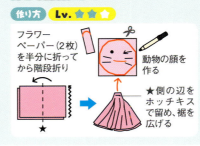

かわいい動物たちのてるてる坊主がすてきですね。

型紙 ▶105ページ

製作／イケダヒロコ

素材 色画用紙、お菓子の空き箱、モール、キラキラ色紙

七夕の夜空にGO！

七夕の夜、ロケットに乗ってお空の旅に出掛けます。
様々なロケットがあって、ワクワクしますね。

作り方 Lv. ★★★

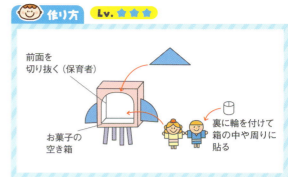

前面を切り抜く（保育者）
お菓子の空き箱
裏に輪を付けて箱の中や周りに貼る

飾り方のヒント

竹は長方形の中央を少し狭めて切り、少しすき間を空けて貼りましょう。

育ちを支える ポイント

ロケットや織り姫、彦星を作るときは、好きな色が選べるように、色画用紙を多めに用意しましょう。普段から製作で残った色画用紙を大まかに四角く切り、色分けしておくと便利です。

作品バリエーション

三角と四角を組み合わせて
三角と四角の色画用紙を貼って、紙テープの噴射炎でロケットに。

作り方　Lv. ★☆☆

円柱にして
中の絵が飛び出て、より立体的に♪

作り方　Lv. ★★★

丸シール
片段ボール
半分に折って切り抜く
中に貼る
階段折り

紙コップを使って
織り姫・彦星が仲良くくっ付いていてかわいいですね。

作り方　Lv. ★★☆

紙コップを縦半分に切り、開く
底に切り込みを入れ、折り上げる
モールは顔の裏に貼る
顔を★に貼る
ちぎった色紙
色紙の帯

笹飾りアレンジ

実際に笹に飾り付けてもいいですね。

海底を のぞいてみると

海の底には、カラフルで個性豊かな魚たちの
住みかがありました！
人魚姫とダンスを踊っているのかな？

型紙 ▶105ページ　　　製作／むかいえり

素材 色画用紙、おかずカップ、クラフト紙、
キラキラ色紙

作り方　Lv.★☆☆

魚① おかずカップを自由に切って貼る

魚② 円柱にする → 顔やウロコなどを作って貼る

育ちを支えるポイント

壁面に人魚姫と岩だけを作って貼っておき、「人魚姫が、寂しくないようにお魚をいっぱい作ってあげよう！」と声を掛けてもいいですね。

作品バリエーション

タコは紙皿でぷっくりした顔に
くるんと丸まった足がかわいいですね。

作り方　Lv.★★☆

紙皿（表面）／両面テープで貼る／ビニールテープ／丸シール
カラーポリ袋で包んで、セロハンテープで留める／絵の具／細い棒で巻く／指スタンプ

ポリ袋を使ってイカに
ポリ袋とスズランテープの透明感がイカにピッタリ！

作り方　Lv.★★☆

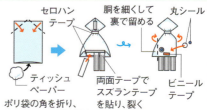

セロハンテープ／胴を細くして裏で留める／丸シール／ティッシュペーパー／両面テープでスズランテープを貼り、裂く／ビニールテープ
ポリ袋の角を折り、セロハンテープで留める

28

飾り方のヒント
色画用紙を細く切って海藻のように飾ると、海底の雰囲気がでますね。

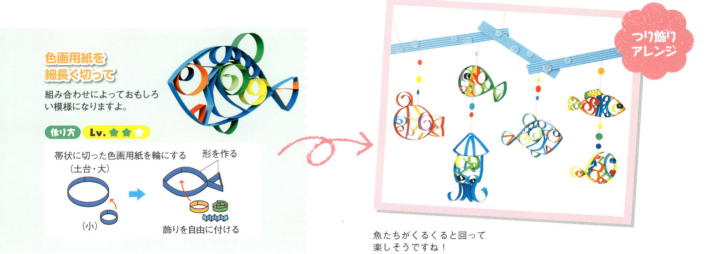

色画用紙を細長く切って
組み合わせによっておもしろい模様になりますよ。

作り方 Lv. ★★☆

帯状に切った色画用紙を輪にする
（土台・大）
（小）
形を作る
飾りを自由に付ける

つり飾りアレンジ

魚たちがくるくると回って楽しそうですね！

29

7月 元気モリモリ！夏野菜

旬の野菜を使ってカレーを作りました！ どれも同じ作り方なので、好きな野菜を選んで製作してみましょう。

型紙 ▶106ページ

製作／降矢和子

素材　色画用紙、カラーポリ袋、厚紙、綿、丸シール

作り方　Lv. ★★★

作品バリエーション

ちぎって貼って
ボトルキャップの目がポイントです。

フラワーペーパーを詰めて
柔らかい雰囲気になりますね。

育ちを支えるポイント　園行事のカレーパーティーや、園庭の野菜を収穫した経験を生かして楽しく作りましょう。食育にもつながっていきますね。

7月 真夏の風鈴マンション

マンションの住人たちが、風鈴の音色で涼んでいます。鈴が付いているので、本当に音が鳴って楽しい！ 透明カップとクリアフォルダーで見た目も涼しげな風鈴の完成です。

型紙 ▶ 106ページ　 製作／イケダヒロコ

素材 色画用紙、透明カップ、ビニールテープ、丸シール、クリアフォルダー、ストロー、鈴、ひも

作り方　Lv. ★☆☆

育ちを支えるポイント 作品ができたらみんなで耳を澄まして鈴の音を聞いてみましょう。小さな音ですが、心がスーッと落ち着きますよ。

作品バリエーション

ガチャポンケースで金魚の風鈴に

短冊がゆらゆらと揺れて涼しげですね。

作り方　Lv. ★★☆

つり飾りアレンジ

天井からつるすと、揺れて金魚が泳いでいるようですね。

7月 白クマくんのかき氷屋さん

暑い夏にピッタリのかき氷。たくさんフルーツがのっておいしそうだね！ みんなは何味のかき氷が食べたい？

型紙・折り図 ▶107ページ　　製作／いとう・なつこ

素材 色画用紙、色紙（色・キラキラ）、フラワーペーパー

作り方 Lv. ★★☆

- フラワーペーパー
- 画用紙
- 色紙で折ったカップ
- 自由にフルーツを作って貼る

トッピングのフルーツの種類や形は、自由に考えて作れるように、小さく切った色画用紙をたくさん用意しておきましょう。

作品バリエーション

作り方 Lv. ★★★

- フラワーペーパー
- 和紙
- 水性ペン
- 段ボール板
- 霧吹き
- ティッシュペーパーを包む

色画用紙に模様を描き、セロハンテープで留める / 巻いてテープで留める

にじみ絵のアイスに
いろいろな味のアイスクリームが完成！

置き飾りアレンジ

穴をあけた段ボール箱に入れてアイスクリーム屋さん風に。取り出して遊べるので、ごっこ遊びのイメージが広がりますね。

7月 つり飾り カミナリくんのアサガオ

カミナリくんが育てたアサガオがきれいに咲きました！
すだれに飾って涼やかさアップ！

型紙 ▶ 108ページ　　　製作／降矢和子

素材　色画用紙、色紙、スズランテープ、紙テープ、すだれ、綿

作り方　Lv. ★★★

飾り方のヒント
ジョウロの水は、スズランテープに丸く切った色画用紙を付けるといいですね。

育ちを支えるポイント
本物のすだれを使うことで、子どもたちに夏の和の風情を感じてもらいたいですね。ちょっとした工夫が、伝統や文化をつないでいきます。

7月 窓飾り おばけツアーに出発！

楽しみにしていたおばけツアーにいよいよ出発！
何を持って行こうかな？

型紙 ▶ 108ページ　　製作／あきやまりか

素材　クリアフォルダー、色画用紙、マスキングテープ

作り方　Lv. ★★☆

育ちを支えるポイント
導入にはかわいいおばけが出てくる絵本を読み聞かせましょう。イメージが膨らみ楽しく作ることができますね。

8月

型紙 ▶ 108ページ
製作／くるみれな
素材 色画用紙、空き箱、フラワーペーパー、クラフト紙

虫探しにレッツゴー♪

カブトムシやクワガタムシがたくさん住んでいる大きな木を発見！ 虫さんたちのおうちってどんなのかな？

飾り方のヒント
階段折りにした色画用紙でつなぐと、木の中が虫たちの秘密基地のようですね。

育ちを支える ポイント

「虫さんのおうちには何がある?」など子どものイメージを膨らませる言葉を掛けましょう。飾るときに「おうちをつなげたい!」など子どものイメージがあれば、壁面で表現しましょう。

作品バリエーション

カブトムシは色紙をちぎって貼って

ペタペタと貼るのが楽しいです♪

作り方 Lv. ★★☆

ちぎった色紙／紙コップ／折る／丸シール／折る

コーヒーフィルターを使ったセミに

セミの体がカラフルできれいです!

作り方 Lv. ★★☆

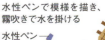

水性ペンで模様を描き、霧吹きで水を掛ける
水性ペン／コーヒーフィルター／霧吹き／顔や羽を作って貼る

クワガタムシの体を円柱形にして

角に個性が出て、強そう!

作り方 Lv. ★★☆

円柱形にする／切り込み部分を裏側にする／顔や羽を作る

置き飾りアレンジ

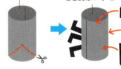

作り方 Lv. ★★☆

丸太 色画用紙にパスで線を描き円柱にする／もんだ新聞紙と丸めたフラワーペーパーを詰める

切り株 段ボール板に年輪を描く／空き箱／片段ボール／段ボール板に沿わすように木工用接着剤で貼る

8月 金魚すくいにチャレンジ！

みんなが楽しみにしていた夏祭り！
金魚すくいのお店も大にぎわいです。ス
イスイ泳ぐ金魚たちを、どれだけすくう
ことができるかな？

型紙 ▶109ページ

製作／あきやまりか

素材 色画用紙、クレープ紙、ポリ袋、モール、キラキラ色紙、丸シール、オーロラシート、毛糸

作り方 Lv.★☆☆

飾り方のヒント
子どもたちの作品に名前を付けて、ぶら下げて飾りましょう。子どもたちと話が広がりそうですね。

育ちを支えるポイント

金魚ができたら画用紙で作ったポイですくって遊びましょう。飾るときはオーロラシートの水や色画用紙の水草などと一緒にポリ袋に入れるとまるで本物のようですね。

作品バリエーション

セロハンを使って
ぷっくり立体的な金魚のできあがり！

紙皿でポイを作って
金魚すくいをして楽しめますね。

作り方 Lv.★☆☆ 作り方 Lv.★★☆

8月 つり飾り 夏祭りがはじまるよ！

ちょうちんを作って、夏祭りへの期待が高まるといいですね。

型紙 ▶ 109ページ　　製作／イケダヒロコ

素材　色画用紙、キラキラ色紙、包装紙、片段ボール、モール、ビーズ、ストロー、たこ糸、麻ひも

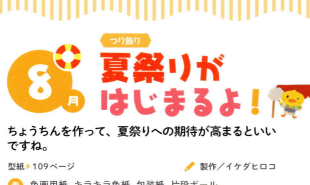

作品バリエーション

作り方 Lv.★☆☆
レジ袋／両面テープを貼った紙コップ／すぼませて切る（保育者）／きりで穴をあけてモールを通す／丸シール／両面テープで貼る

紙コップでおばけちょうちんに
ゆらゆら揺れて、おばけの雰囲気が出ます！

ペットボトルを使って
底からも絵が見えてワクワクしますね。

作り方 Lv.★☆☆
マスキングテープ／ペットボトル1/2／油性ペン／カラーセロハン スズランテープ／パンチ穴にモールを通す

作り方 Lv.★★★

ちょうちん：木工用接着剤で貼る／輪にした片段ボール／階段折り／キラキラ色紙や包装紙／モール／パンチ穴／4辺に貼る／上と同じように貼る

モチーフ：ストロー／セロハンテープ／ビーズ／たこ糸を結ぶ／通す

育ちを支えるポイント　折り方や貼り方に難しいところもありますが、少しずつやり方を伝えて作り上げましょう。できあがったときのうれしさが、子どもたちの上達を促します。

8月 浮き輪で遊ぼう☆

暑い夏がやってきました。お気に入りの浮き輪を持って、海へ出掛けよう！ 何をして遊ぼうかな？

型紙 ▶ 109ページ　　製作／降矢和子

素材 色画用紙、プチプチシート、マスキングテープ、丸シール、スズランテープ、クリアフォルダー

作り方 Lv.★★★

作品バリエーション

動物の顔に
自分の好きな動物を浮き輪に！

和紙を使って
様々な模様になってきれいですね。

育ちを支えるポイント

まず、プチプチシートで浮き輪作りを楽しみましょう。たくさん作ったり、保育者と一緒に特大サイズを作ったりして浮き輪屋さんごっこをしても楽しいですね。そして、一番のお気に入りを壁面に飾りましょう。

飾り方のヒント

スズランテープに丸く切ったクリアフォルダーを貼って、夏のキラキラした太陽の光を表現しましょう。

8月 元気いっぱいの ヒマワリ

太陽の光をたくさん浴びて、ヒマワリが大きく育ちました。ヒマワリのそばで食べるスイカはおいしいね♪

型紙▶110ページ　製作／うえはらかずよ

素材：色画用紙、紙テープ、フラワーペーパー、クラフト紙

作り方 Lv.★★☆

育ちを支えるポイント
園庭にヒマワリがあるときは、見に行ってから作りましょう。なければ、花瓶に切り花を飾ってもいいですね。大きな花を見てみんなびっくりすることでしょう。

8月 つり飾り カモメのお散歩

紙コップを使って、おしゃれなカモメを作ってみましょう。マスキングテープの貼り方や帽子の模様に個性が光ります。

型紙▶110ページ　製作／むかいえり

素材：紙コップ、色画用紙、マスキングテープ、工作紙、紙テープ、リボン、ひも

作り方 Lv.★★☆ 作り方

育ちを支えるポイント
ゆらゆら揺れるモビールを飾ることで、保育室に吹く風を目で見て感じることができますね。窓を開けると風が吹いてくることをカモメが教えてくれます。

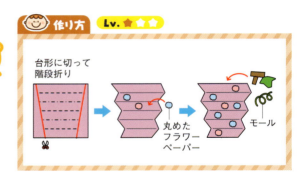

型紙 ▶ 110ページ

製作／イシグロフミカ

素材 色画用紙、フラワーペーパー、和紙ひも、モール

ブドウ狩りに挑戦！

畑においしそうなブドウがたくさん実りました♪ クマの親子がブドウ狩りをして楽しそうですね。おいしそうなブドウ、見ーつけた！

飾り方のヒント

ブドウ棚に和紙ひものつるを通して、ブドウがぶら下がっているように飾りましょう。

育ちを支える ポイント

フラワーペーパーを貼るときには、のりを画用紙に付けます。素材によってのりの付け方にも違いがあることを伝えておくとよいですね。

作品バリエーション

円すい形にして
丸やリボン形の実がかわいいですね。

作り方　Lv. ★★☆

のり → 円すい形にする → モール／セロハンテープ／ねじった紙テープ／丸めたフラワーペーパー

ポケット状にして
ポケットに入った虫がユニークですね。

作り方　Lv. ★★★

下半分の周りにのりを付けてポケット状にする → 入れる → 虫を描く

ポリ袋を使って
プックリと立体的でおいしそう！

作り方　Lv. ★☆☆

ポリ袋／丸めたフラワーペーパー／角を折り、セロハンテープで留める → モールで縛る／柄色紙を両面テープで貼る

つり飾りアレンジ

カラーポリ袋を使ってブドウをつるす棚を表現しましょう（色を変えると七夕の天の川などにも使えます）。

作り方

[ブドウ棚]

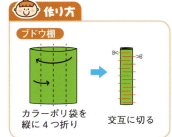

カラーポリ袋を縦に4つ折り → 交互に切る

9月 大きなお団子のできあがり！

みんなが作った大きなお団子が空まで届きそう！ ウサギさん、タヌキさんも楽しそうですね。

型紙 ▶ 111ページ
製作／みさきゆい
素材：紙皿、色紙、色画用紙、フラワーペーパー

 育ちを支える ポイント：飾り方次第で紙皿を団子に見立てることができます。おうちへ持ち帰るときは穴をあけてリボンを通して持ち手にするなど工夫しましょう。

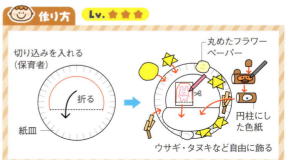

作り方 Lv.★★★
- 切り込みを入れる（保育者）
- 折る
- 紙皿
- 丸めたフラワーペーパー
- 円柱にした色紙
- ウサギ・タヌキなど自由に飾る

作品バリエーション

作り方 Lv.★☆☆
- 丸めたティッシュペーパーを詰める
- 色画用紙
- コーヒーフィルター

コーヒーフィルターをウサギの体にして
ちょこんと座っているみたいでかわいいですね

置き飾りアレンジ

ウサギさんがススキやお団子を囲ってお月見を始めました。

作り方 Lv.★★★

ススキ
- 貼り合わせる
- 細く巻いた新聞紙

月見団子・三方
- ティッシュペーパーを丸める
- セロハンテープのせる
- 四角柱にする
- 4辺を立て形を整えて留める（保育者）

42

9月 キノコの音楽隊♪

リスの指揮者の合図で、キノコたちが歌いだしました。元気で楽しそうな歌声を聞いて、リスたちも思わず一緒に歌いだします！

型紙▶111ページ
製作／とりうみゆき

素材 色画用紙、工作紙、毛糸、ビーズ、ストロー、ボトルキャップ、色紙

作り方 Lv.★★★

工作紙／目打ちで大きめに穴をあける（保育者）→ 毛糸の端にセロハンテープを巻く／端を留める → ビーズ／通す／最後は裏にセロハンテープで留める

作品バリエーション

作り方 Lv.★☆☆

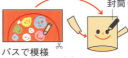

パスで模様を描く → 封筒(1/2) → 毛糸をセロハンテープで留める

封筒を使って
手を入れてパペットとしても遊べます。

ペーパー芯を使って
たくさんのキノコたちがかわいいですね。

作り方 Lv.★★★

ペーパー芯に色紙を巻く → キノコや葉を貼る → 折る

飾り方のヒント

ボトルキャップを色紙で包んでストローを付けると、立体的な音符に！子どもと一緒に作って飾りましょう。

育ちを支えるポイント

ひも通しをするときは、厚手の台紙を使い、大きめに穴をあけます。ひもの先にセロハンテープを巻いておくとスムーズに通せます。

9月 カラフルトンボがいっぱい！

夕焼け空を見上げると、いろいろな色の個性豊かなトンボたちが！

型紙 ▶112ページ
製作／降矢和子
素材 色画用紙、厚紙、毛糸、ストロー、綿

作り方 Lv.★★☆

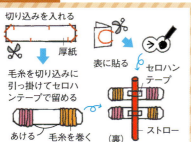

作品バリエーション

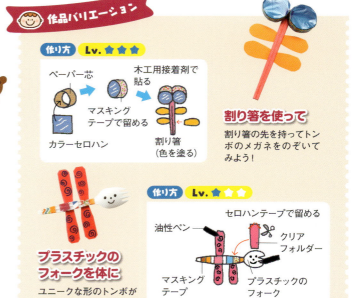

作り方 Lv.★★★

ペーパー芯 → マスキングテープで留める → 木工用接着剤で貼る → 割り箸（色を塗る）
カラーセロハン

割り箸を使って
割り箸の先を持ってトンボのメガネをのぞいてみよう！

プラスチックのフォークを体に
ユニークな形のトンボがかわいいですね。

作り方 Lv.★☆☆

油性ペン、マスキングテープ、セロハンテープで留める、クリアフォルダー、プラスチックのフォーク

飾り方のヒント
オレンジ色の色画用紙に薄く綿を貼って、夕焼け雲を表現♪

育ちを支えるポイント
羽は、お菓子の空き箱を切ったものなどでも代用できます。子どもたちと相談しながら身近にある素材を生かして作るのも楽しいですね。

9月 元気いっぱい イガグリくん☆

秋が近づき、元気いっぱいのイガグリくんが実りました！

型紙 ▶112ページ
製作／イケダヒロコ
素材 色画用紙、新聞紙、フラワーペーパー、麻ひも

作り方　Lv. ★★★

- 新聞紙(1/4)を6等分に折る
- 切り込みを入れる
- 交互で反対に折り返し輪にして端同士を留める
- 麻ひも／フラワーペーパー　引っ掛ける

育ちを支えるポイント

新聞紙を折ったら、手のひらで押さえて折り目を付けるように伝えましょう。手のぬくもりが伝わるようにしっかりと押さえることが大切です。

9月 ［ドア飾り］ もうすぐ運動会！

もうすぐ運動会！　一生懸命練習している競技の様子などの絵を旗にして、運動会に期待がもてるようにしましょう。

型紙 ▶112ページ
製作／イシグロフミカ
素材 色画用紙、マスキングテープ、柄色紙、カラーひも、木製クリップ

作り方　Lv. ★☆☆

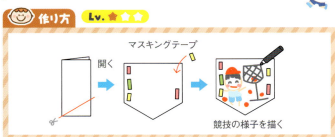

- 開く
- マスキングテープ
- 競技の様子を描く

育ちを支えるポイント

「頑張っている姿を家族のみんなに見てもらおうね」などと声を掛けながら製作しましょう。運動会当日は保護者から見える位置に飾ると、子どもたちの意欲がより高まります。

10月

出てこい！大きなおイモ！

土の中には大きなサツマイモがたくさん！ みんなで力を合わせてツルを引っ張っていますね。よいしょ！ よいしょ！

型紙▶113ページ

製作／むかいえり

素材 色画用紙、新聞紙、和紙ひも

作り方 Lv.★★☆

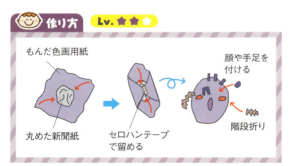

- もんだ色画用紙
- 丸めた新聞紙
- セロハンテープで留める
- 顔や手足を付ける
- 階段折り

育ちを支えるポイント

「大きなおイモや小さなおイモ、いろいろあったね」とイモ掘りに行ったことを思い出しながら作れるといいですね。

作品バリエーション

毛糸を巻いて
目を付ければ、かわいいおイモさんの完成！

封筒を使って
様々な色のフラワーペーパーで貼って、オリジナルのおイモに。

作り方 Lv.★☆☆
- スズランテープ2本をねじって裏に貼る
- 毛糸を巻く
- 段ボール板

作り方 Lv.★★☆
- 封筒
- 丸めた新聞紙
- 角をセロハンテープで留め、形を整える
- 水溶きのり
- フラワーペーパー
- モールで縛り葉を付ける

46

飾り方のヒント

ツルに動きを付けると、おイモさんたちが楽しそうにしている雰囲気が出ます。

お菓子の空き箱で車を作って

おイモカーに乗って、家族でお出掛け！ユニークでかわいいですね♪

作り方 Lv. ★★★

お菓子の空き箱 → もんだ色画用紙で包む → ビニールテープ / フラワーペーパー / モール / ボトルキャップに丸めた色紙を入れる

置き飾りアレンジ

クラフト紙の道、ストローとボトルキャップの信号機を作って、おイモカーでドライブに出掛けよう♪

10月 ハロウィン城に集合！

今夜はお城でハロウィンパーティー♪ おばけやカボチャ、コウモリ、クモまで、愉快な仲間たちと盛り上がります。

型紙▶113ページ　　製作／うえはらかずよ

素材 色画用紙、カラーポリ袋、ペーパー芯、色紙（色・キラキラ）、キラキラテープ、丸シール、フラワーペーパー

作品バリエーション

作り方　Lv. ★★☆

体を円柱にして
ネコ・コウモリ・魔女など自由に作りましょう♪

作り方　Lv. ★★☆

育ちを支えるポイント

ちょっぴり怖いおばけやコウモリに子どもたちは興味いっぱい。絵本などを見ながらハロウィンについて話をしましょう。

飾り方のヒント
背景の色を暗くすることで、白いおばけや星が引き立ちますね。

10月 お気に入りのリュックで遠足へ

待ちに待った遠足の日です。リュックサックの中に、遠足に持って行きたい物を入れてみましょう。出し入れできるので、子どもたちの遊びも広がりそうですね。

型紙 ▶ 114ページ　　製作／降矢和子

素材 色画用紙、チャック付きポリ袋、柄色紙、リボン、布テープ

作り方　Lv.★★☆

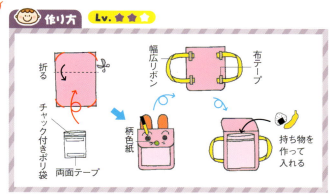

作品バリエーション

弁当箱と好きなおかずを作って

どんなおかずが出てくるか楽しみですね。

作り方 Lv.★★★

具材、弁当箱は全て色画用紙で自由に作る
おかずカップ

※下記のつり飾りにする場合は、おかずは弁当箱に貼らないでおく。

育ちを支えるポイント

飾るために作るのではなく、楽しかった遠足を思い出して、絵を描いたり作ったりしましょう。遠足ごっこにも使えますね。

飾り方のヒント

リュックサックの下に布などを敷くと、レジャーシート風になって、まとまりが出ますね。

つり飾りアレンジ

おかずと弁当箱をひもに付けて1本のモビールに！

10月 森の仲間は芸術家

今日は森の展覧会！作品を見せ合う動物たちもしぜんと笑顔がこぼれます。自然物と一緒に小さな布を入れるとアクセントになりますね。

型紙▶114・115ページ　　製作／降矢和子

素材 自然物、段ボール板、布の端切れ、麻ひも、色画用紙、丸シール

飾り方のヒント
丸シールを貼ると、画びょうで作品を留めているように見えますね。

作り方　Lv.★★☆

- 麻ひもを木の枝に結ぶ
- ドングリ
- マツボックリ
- 木の枝
- ※木工用接着剤をたっぷり付ける
- 段ボール板
- 落ち葉
- 布
- 木の実
- 木の枝

育ちを支えるポイント
拾ってきたドングリは、熱湯に付けたり、冷凍したりすると虫が出てこなくなります。幾つかは、そのままにしておいて虫が出てくる様子を見せてもいいですね。

作品バリエーション

紙粘土と自然物で
子どもたちの個性が光る作品です♪

作り方　Lv.★★☆

- 木の枝
- 油性ペン
- 木の実
- 色を付けた紙粘土
- 落ち葉
- かまぼこ板
- ※木工用接着剤を使う

置き飾りアレンジ

子どもたちが拾った木の実や落ち葉、木の枝などを生かして製作に♪

10月 つり飾り まんまるリンゴのモビール

立体的なリンゴと丸シール、モチーフを飾りましょう。

型紙 ▶ 115ページ
製作／イケダヒロコ
素材　色画用紙、丸シール、モール、毛糸、木の枝

作り方　Lv. ★★☆

リンゴ
- モール
- 帯状の色画用紙を内側に貼る
- パンチ穴
- 色画用紙を円柱にする

モチーフ
- 毛糸
- テープで留める
- 丸シール

育ちを支えるポイント
素材となる丸形や帯状の色画用紙は、保育者が用意しておく・子どもたちが切るなど、子どもたちの経験に合わせましょう。

10月 置き飾り 果物列車、しゅっぱーつ!!

秋の果物たちが列車に乗って旅に出ます。
リスたちも手を振ってお見送り♪

型紙 ▶ 115ページ
製作／とりうみゆき
素材　ガチャポンケース、カラーポリ袋、ビニールテープ、丸シール、色画用紙、紙パック

作り方　Lv. ★★☆

果物（基本の形）
- ガチャポンケース
- カラーポリ袋で包む
- ビニールテープを巻く
- 丸シール
- 油性ペン

〈リンゴ、ナシ〉
- ビニールテープ
- 葉を付ける

〈ミカン、カキ〉
- しぼり部分をセロハンテープで留める

列車
- 巻くようにして両面テープで貼る
- 1面を切り取った紙パック（500ml・1000ml）
- 窓やタイヤを貼る
※列車同士は階段折りでつなげる

育ちを支えるポイント

「果物さんたちは列車に乗ってどこに行くのかな」などと、子どもたちと一緒に想像してみましょう。行ってみたい所を絵に描いて背景に貼ってもよいですね。

11月

型紙 ▶115ページ　製作／降矢和子

素材：コーヒーフィルター、色紙（色・柄）、丸シール、毛糸、色画用紙、クラフト紙、厚紙、段ボール板

ミノムシさんがお出迎え

森のおうちにリスさんが遊びにやって来ました。色とりどりのミノムシさんたちが動物たちをお出迎えしています。風に吹かれてユラユラと揺れて楽しそうですね。

作り方 Lv. ★☆☆

油性ペン／丸シール／セロハンテープ／毛糸

コーヒーフィルター → 折って貼る → 柄色紙をちぎって貼る

飾り方のヒント

もんだクラフト紙で厚紙を包んで木を作ると、立体感が出ます。枯れ葉も葉の形に切った色画用紙をもむだけで、かわいく表現できます。

育ちを支える ポイント

図鑑などで、ミノムシを知るきっかけをつくりましょう。ミノムシの気持ちになって何かにくるまってみるなど、イメージを膨らませられるといいですね。

作品バリエーション

封筒を使って
出し入れして着せ替えができます♪

作り方 Lv. ★☆☆

緩衝材を使って
クルクル巻いた毛糸の服が温かそうですね。

作り方 Lv. ★★★

スズランテープを使って
スズランテープの色の重なりがきれいですね。

作り方 Lv. ★★☆

つり飾りアレンジ

色とりどりの服を着たミノムシたちが仲良く並んでいます。

11月 楽しい遊具がいっぱい☆

秋の実りの季節になってきました。ドングリさんたちはシーソーやブランコで遊んで楽しそう！♪

型紙 ▶ 116ページ　　　　　製作／くるみれな

素材 封筒、色画用紙、フラワーペーパー、ティッシュペーパー、片段ボール、ひも、モール

作り方　Lv. ★☆☆

ドングリの帽子の形に切る → フラワーペーパーを自由に貼る → 帽子をかぶせるように貼る

封筒を切る → 角を折り、貼る → ティッシュペーパーを入れて閉じる → 手足を作って貼る

作品バリエーション

半面を貼り合わせて
顔をめくると表情が変わっておもしろい♪

作り方　Lv. ★★☆
2枚重ねて半分に折って切る → 貼り合わす → 貼る / 顔のパーツを貼る

作り方　Lv. ★★★
モール／木の実や木の枝／色画用紙で作ったパーツ／新聞紙をねじって輪にする

新聞紙を輪にして
本物の木の実などもプラスして、より秋らしく♪

育ちを支えるポイント　ドングリさんたちが遊べる遊具を子どもたちと考えて一緒に作りましょう。様々な素材を用意して組み合わせると、より子どもたちの創造力が高まります。

11月 森のフクロウ学校

夜になると、フクロウ学校の授業が始まります♪
今夜もお友達と元気に勉強していますよ。

型紙▶116ページ　　製作／降矢和子

素材 封筒、色画用紙、おかずカップ、モール、ビニールテープ、新聞紙

飾り方のヒント
黒板の内容を子どもたちと一緒に考えても楽しいですね。

育ちを支えるポイント
子どもたちに夜の森のお話をしましょう。夜に活動する生き物がいることを知り、興味をもつことでイメージや製作意欲が高まります。

11月 ネズミくんのアトリエにようこそ

たくさんの動物たちが似顔絵を描いてもらうために、ネズミくんのアトリエにやって来ます。作った動物を「額」に入れて飾りましょう。

型紙・折り図 ▶117ページ　素材 色画用紙、色紙・包装紙（大きめ）、丸シール、マスキングテープ、毛糸
製作／とりうみゆき

作り方 Lv.★★☆

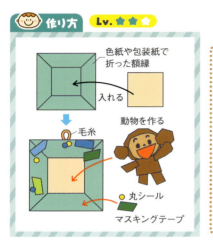

育ちを支えるポイント

作った絵を飾って見てもらうとうれしいということが伝わりやすい作品です。作品展を楽しみにできるきっかけになるといいですね。

11月 温かいシチューはいかが？

温かい物が食べたくなる季節。ブタさんのポカポカレストランはシチューが大人気！ ビーフシチューとクリームシチューがありますよ。

型紙 ▶118ページ　素材 色画用紙、フェルト、包装紙、不織布、羊毛フェルト
製作／藤江真紀子

作り方 Lv.★★☆

※フェルトが切りにくい場合は、薄めたのりを塗って乾かすと、切りやすくなります。

飾り方のヒント

羊毛フェルトを丸めて湯気を表現！ 温かみが出て、柔らかい雰囲気になります。

育ちを支えるポイント

フェルトの感触を味わいながら作りましょう。木工用接着剤とフェルトは紙のようにすぐには乾かないので、しばらく平らな所で乾かしましょう。

11月 ぽかぽか★サルの湯へようこそ！

寒い日も温かいサルの湯に入れば、心も体もぽかぽか。
様々な色のお湯があって、楽しいですね。

型紙 ▶ 118ページ　　　製作／降矢和子

素材 色画用紙、紙皿、色紙、クラフト紙、新聞紙

飾り方のヒント
細く切って巻いた画用紙で湯気を表現♪

育ちを支えるポイント
「温泉に入るおサルさんがいるんだって。どんなお顔で入っているのかなぁ…」と話をしてから始めてもいいですね。

型紙 ▶118ページ　製作／いとう・なつこ

素材　色画用紙、クリアフォルダー、マスキングテープ、カラーひも、工作紙、木製クリップ、キラキラテープ

靴下に願いを込めて☆

明日はクリスマス。サンタさんへのメッセージや欲しい物を書いて、靴下を飾りましょう♪

育ちを支える ポイント

「ポケットの付いたかわいい靴下に、何を入れる?」と子どもたちと相談しましょう。サンタさんへの手紙を入れてもいいですね。

作品バリエーション

ビー玉で模様を付けて
レースペーパーがアクセントに♪

作り方 Lv. ★★☆

絵の具を付けたビー玉を転がす → 靴下形に切る / レースペーパー

お菓子の空き箱で立体的に
ポケットになっていて、出し入れできますよ。

作り方 Lv. ★★☆

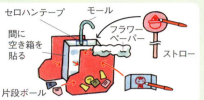
セロハンテープ / モール / フラワーペーパー / ストロー / 間に空き箱を貼る / 片段ボール

カラー紙コップを使って
ミニサンタが顔を出してかわいいですね♪

作り方 Lv. ★★★

サンタクロース
円柱にした色画用紙(2色) / フラワーペーパー / 折り上げる / 切り込み

靴下
モール / カラー紙コップ / 片段ボール / マスキングテープ

飾り方のヒント
靴下をつっているように木製クリップで留めて飾りましょう。

置き飾りアレンジ

小さなサンタ村のようで、かわいいですね。
綿を丸めて雪景色にしましょう!

12月 もうすぐクリスマス★

部屋を飾り付けして、あとはサンタさんが来るのを待つだけです。どんなプレゼントをお願いしたのかな?

型紙 ▶119ページ
製作／あきやまりか

素材 色画用紙、マスキングテープ、丸シール、色紙（色・柄・キラキラ）、段ボール板、竹串、ストロー、ひも

飾り方のヒント
半分に折って切った丸を3つ貼り合わせて立体感を出しましょう。華やかさがアップ！

育ちを支える ポイント

ツリーには様々な緑色の色紙（濃い色・薄い色・柄付きなど）を用意しましょう。同じ緑でもわずかな色の違いに気が付くようになり、色の感受性を高めます。

つぎは、このみどり！

作品バリエーション

片段ボールを使って
白を使うことで、ちょっぴりおしゃれなツリーに。

作り方 Lv. ★☆☆

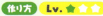

クレープ紙を使って
ヒラヒラしているところがポイント♪

作り方 Lv. ★★☆

積み木のように組み合わせて
ツリーのおうちみたいですね。モチーフをたくさん飾ろう！

作り方 Lv. ★★★

置き飾りアレンジ

みんなで協力して大きなツリーを作ってもいいですね。早くできた子どもは片段ボールで作った積み木を重ねて、ツリーを組み立てても楽しいですよ。

12月 ワクワク！クリスマスパーティー

今日は待ちに待ったクリスマスパーティー！ プレゼントの準備やツリーの飾り付けはバッチリです♪

型紙 ▶ 120ページ

素材 色画用紙、紙皿、紙テープ、フラワーペーパー、毛糸、リボン、キラキラ色紙、キラキラモール、片段ボール

製作／とりうみゆき

作り方 Lv. ★★★

作品バリエーション

ペーパー芯を使って
色画用紙を巻くだけで仲良しサンタさんとトナカイのできあがり！

色画用紙を円柱にして
サンタさんとトナカイが寄り添ってかわいいですね♪

 育ちを支えるポイント　紙皿の縁にフラワーペーパーや紙テープを飾ると、リースのように見えますね。丸めたりねじったりして、素材や方法を変えることで雰囲気が変わります。

12月 サンタさんへお手紙を出そう！

欲しいプレゼントを手紙に書いたよ。クリスマスツリーに飾ってみんなワクワク！ 封筒もクリスマス仕様にドレスアップ！

型紙 ▶ 120ページ　　　製作／イケダヒロコ

素材　封筒、色紙（色・キラキラ）、リボン、カラーポリ袋、カラーひも、色画用紙、レースペーパー、片段ボール

作り方　Lv. ★★☆

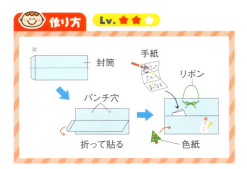

育ちを支えるポイント

サンタさんへの手紙には、プレゼントに欲しい物の絵などを描くとよいでしょう。サンタさんに届きますように！

12月 置き飾り 雪だるまタウン

ここは雪だるまたちが仲良く暮らす町。雪がちらついたり、積もったりするたびに、みんな大喜び♪

製作／あきやまりか

素材　色画用紙、色紙（色・キラキラ）、毛糸、ビーズ、割り箸、紙パック、丸シール、スズランテープ、油粘土

作り方　Lv. ★★★

育ちを支えるポイント

切り絵の雪の結晶は、何枚も作ることでコツが分かってきます。たくさん作れるように色紙は多めに用意しましょう。

12月 手袋ファッションショーがはじまるよ☆

雪だるまたちがお気に入りの手袋を着けてファッションショーをしているよ♪ みんなはどの手袋が気に入ったかな？

型紙 ▶ 121ページ　　製作／降矢和子

素材 色画用紙、片段ボール、丸シール、紙テープ

作り方　Lv. ★★☆

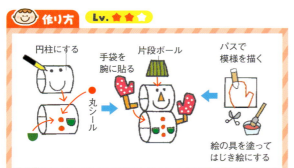

作品バリエーション

作り方　Lv. ★★☆

傘袋を使って
ボトルキャップの帽子がかわいいですね♪

紙皿を使って
大きな雪だるまのおなかから顔を出す絵がユニークです。

作り方　Lv. ★★★

育ちを支えるポイント　手袋と雪だるまを作る日は、別々の日に設けて、どちらもゆっくりと楽しみながら作れるようにしましょう。

12月 つり飾り
天使に願いをあずけて

お願い事を描いた手紙を両手でしっかりと運んでくれる天使たち。みんなの願いが叶いますように。

型紙 ▶ 121ページ　　製作／とりうみゆき

素材 色画用紙、果物ネット、キラキラモール、リボン、糸、工作紙、レースペーパー、マスキングテープ、カラーひも

作り方　Lv. ★★☆

育ちを支える ポイント

天使の体は、「半分に折って、つながっているほうを2回、切りますよ。見ていてね」と丁寧に伝え、作り方を見せます。

作品バリエーション

透明色紙で透けた体に
レースペーパーの羽で妖精らしさアップ♪

作り方　Lv. ★★☆

窓飾りアレンジ

窓から太陽の光が差し込むと、天使の透明色紙のきれいな色が保育室に入ってきますね。

65

1月

今年の願いはなあに?

十二支の動物たちが新年を祝いにやって来ましたよ。子どもたちと今年の目標や願いを絵馬に書いて飾りましょう!

型紙▶121ページ　　製作／くるみれな

素材 段ボール板、片段ボール、色画用紙、マスキングテープ、和紙ひも、キラキラ色紙

作り方 Lv.★★☆

片段ボールを屋根のように貼る／和紙ひもを貼る／マスキングテープ／段ボール板／干支を自由に作る／願い事を書く

育ちを支えるポイント

十二支が勢ぞろいしている壁面を見ながら「十二支のお話」をしてみましょう。十二支の動物を子どもたちに作ってもらってもよいですね。

作品バリエーション

クラフト紙を輪にしてしめ縄に

しめ縄を飾って、新年を迎えましょう。

作り方 Lv.★★★

紙皿を半分に折る／モール／ひも／結んでつるす／紙テープ／ねじったクラフト紙

円柱の高さを変えて門松に

竹の高さを変えて飾るのがポイントです!

作り方 Lv.★★★

片段ボールを円柱にし木工用接着剤で貼る／円柱形にした色画用紙を斜めに切る／願い事を絵で描く／松・梅を作る／段ボール板／すき間にフラワーペーパーを詰める／ストロー／干支を描く

飾り方のヒント

雲の上に飾るキャラクターや作品の干支はその年に合った干支に変えましょう♪ ずっと使えるアイディアです。

鏡餅は袋詰めの餅を重ねて

二つ重ねると鏡餅！ ぷっくりしていてかわいいです。

三方の上に赤い不織布を敷いて飾ると、正月らしさがアップします。

置き飾りアレンジ

1月 だるまさんと一緒にお祝い♪

正月には縁起が良いといわれるだるまを飾ってお祝いしましょう。「あけましておめでとうございます！」

型紙 ▶ 122ページ　　　製作／とりうみゆき

素材：色画用紙、千代紙、つまようじ、段ボール板、キラキラ色紙、紙テープ

作り方　Lv. ★★☆

作品バリエーション

作り方　Lv. ★★★

カラーポリ袋を使って
ぷっくりとして、かわいいですね！

紙コップをぶら下げて
願い事を書いてもいいですね。

育ちを支えるポイント
つまようじを段ボール板の穴に差し込んで飾っているので位置を変えることができます。つまようじの先はあらかじめ切っておき、安全に配慮しましょう。

飾り方のヒント
ボトルキャップを色紙で包んだ羽根も子どもたちと一緒に作るといいですね。

1月 きれいなツバキの羽子板☆

型紙 ▶ 122ページ
製作／みさきゆい

素材：段ボール板、色画用紙、千代紙、キラキラ色紙、マスキングテープ、ボトルキャップ

きれいなツバキの羽子板はこの季節にピッタリですね。伝承遊びの羽根突きは何回続けられるかな？

作り方 Lv. ★★★

段ボール板に、重ねて貼る、マスキングテープを巻く、千代紙、キラキラ色紙、裏に貼る、葉や小さな花を作る

育ちを支える ポイント
羽根突きやこま、すごろくなど正月の伝承遊びについて話しましょう。本当の羽子板を見せられるといいですね。

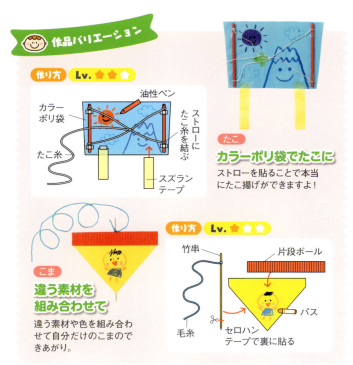

作品バリエーション

作り方 Lv. ★★☆

たこ カラーポリ袋でたこに
ストローを貼ることで本当にたこ揚げができますよ！

こま 違う素材を組み合わせて
違う素材や色を組み合わせて自分だけのこまのできあがり。

作り方 Lv. ★☆☆

1月 プクプクおもち

サルさんたちがついたお餅が焼き上がりました！プックリと膨らんでとてもおいしそう♪ 様々な形や大きさの中に、子どもたちの個性が見られておもしろいですね。

型紙 ▶ 123ページ
製作／とりうみゆき
素材 色画用紙、ペーパー芯、キラキラテープ

作り方　Lv. ★★★

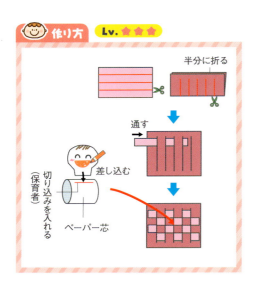

育ちを支えるポイント

ペーパー芯をいろいろな幅に切り、カッターナイフで切り込みを入れておきます。多めに用意して、様々な形のお餅を作れるようにしておきましょう。

作品バリエーション

空き箱を使って
焼き色が付いておいしそう！

作り方　Lv. ★★☆

置き飾りアレンジ

おいしそうな焼き色も付いて、そろそろ食べ頃かな？ ぷくっと膨らんできましたよ！

作り方　Lv. ★★☆

70

1月 置き飾り もこもこかまくら村

村では、かまくらのおうちや店ができて大盛り上がり♪ 冬をめいっぱい楽しみます。

型紙▶124ページ　製作/降矢和子

素材　色画用紙、お菓子の空き箱、綿

作り方　Lv. ★★☆

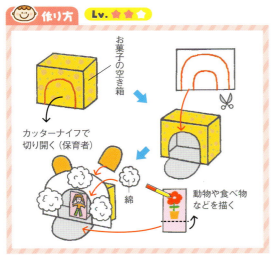

育ちを支えるポイント　綿は、のりを使う前に少しずつ手に取って丸めておきましょう。のりの付いた手では丸めにくいことを伝えるようにするといいですね。

1月 つり飾り ゆらゆらししまい

ししまいの動きが楽しいつり飾りです。子どもたちの作品を並べて飾ってみましょう。

型紙▶124ページ　製作/降矢和子

素材　紙コップ、フラワーペーパー、色画用紙、キラキラ色紙、布、片段ボール、和紙ひも

作り方　Lv. ★★★

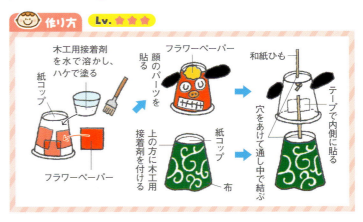

育ちを支えるポイント　普段の生活の中でも穴にひもを通したり、結んだりする機会をつくって経験を重ねましょう。難しいところは一緒にしたり、やり方を丁寧に見せたりして援助しましょう。

71

型紙 ▶ 124ページ　製作／イケダヒロコ

素材：色画用紙、ペーパー芯、フラワーペーパー、毛糸、キラキラ色紙、綿

鬼さんの雪合戦

雪が積もったので、鬼さんたちの雪合戦がスタートしました。試合は接戦で、大盛り上がりです。

作り方　Lv. ★★☆

- フラワーペーパー
- ペーパー芯に色紙を巻く
- 毛糸を巻く
- 折る

育ちを支える ポイント

「ツノの数は、1本、2本…幾つあるかな？」「髪の毛はどうやって貼る？」など作り方を工夫できるような言葉を掛けましょう。子どもたちの個性が出ます。

作品バリエーション

紙コップを使って

モールの手を曲げて、動きを出してもいいですね。

作り方 Lv. ★☆☆

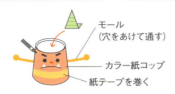

- モール（穴をあけて通す）
- カラー紙コップ
- 紙テープを巻く

色画用紙を円柱にして

鬼やおうちのできあがり！ 窓を付けるとかわいいですね。

作り方 Lv. ★★★

色画用紙で円柱を作る

紙テープ

鬼の顔を円すいにして

顔が立体的になってユニークです。

作り方 Lv. ★★☆

- ひも
- のり
- ラッピング用緩衝材
- 円すい形にする

つり飾りアレンジ

くるくると回る鬼のモビールがカラフルでかわいいですね。鬼のパンツや金棒も一緒に飾りましょう！

飾り方のヒント

綿を丸めて、フワフワの雪を降らせましょう。

2月 ドキドキ♥バレンタイン

大好きな人へのプレゼント！ おいしいチョコレートができあがりました。箱に詰めてラッピングしましょう。

型紙 ▶ 125ページ　　製作／イシグロフミカ

素材 色画用紙、片段ボール、ストロー、色紙（色・キラキラ）、フラワーペーパー、ラッピング用緩衝材

作り方　Lv. ★★☆

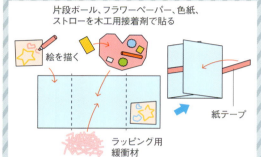

片段ボール、フラワーペーパー、色紙、ストローを木工用接着剤で貼る

絵を描く
ラッピング用緩衝材
紙テープ

作品バリエーション

作り方　Lv. ★★★

フラワーペーパー / 丸シールや色画用紙 / ストロー / 紙粘土 / 自然物 / 絵の具 / ティッシュペーパー / お菓子の空き箱 / 紙テープ / カラーセロハン

空き箱を利用して
紙粘土のクッキーやキャンディをきれいにラッピング♪

チョコレートにストローを付けて
棒付きチョコレートみたいでおいしそうですね。

作り方　Lv. ★☆☆

パスで絵を描く → 絵の具ではじき絵をする → ラッピング袋／モール／ストローを裏から貼る

育ちを支えるポイント　3つ折りにして閉じるとギフトボックスのように見えます。持ち帰り、おうちの人へプレゼントとして渡すのもいいですね。

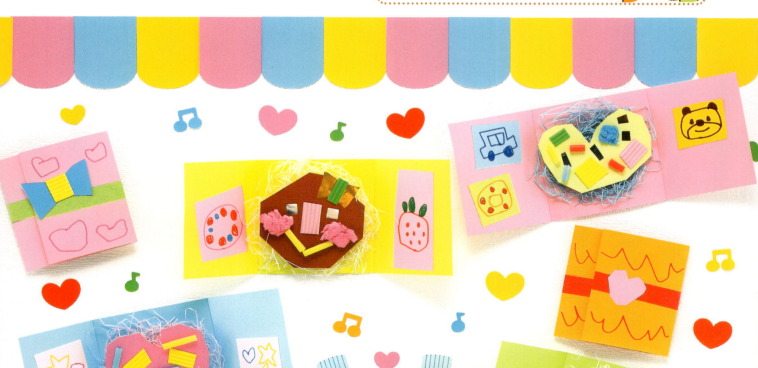

2月 つり飾り ぽかぽか洗濯日和

今日はお日様が出て、良い天気。鬼の母ちゃんは家族みんなのパンツを洗濯中。カラフルなパンツが並びます。

型紙 ▶ 125ページ
製作／あきやまりか
素材 色画用紙、布、和紙ひも、木製クリップ

作り方　Lv. ★☆☆

育ちを支えるポイント　様々な模様の鬼のパンツを洗濯ひもに干すようにつって飾りましょう。本物の洗濯ばさみを使うと、イメージが膨らみますね。

2月 動物さんたち、おやすみなさい

寒い冬がやってきました。土の中では、おうちを作って動物さんたちが冬眠や冬籠もりをしています！ あの扉の向こうには誰が眠っているのかな？ 扉を開けるワクワク感がたまりませんね！

型紙 ▶ 126ページ
製作／みさきゆい
素材 色画用紙、柄色紙、両面テープ付き面ファスナー

作り方　Lv. ★★☆

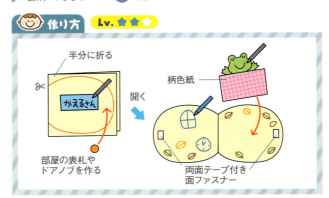

育ちを支えるポイント　図鑑などを見ながら冬眠する動物について話しましょう。自然の不思議に子どもたちも深い関心をもってくれるでしょう。

2月 スノーボードでGO!!

スノーボードをするために雪山にやって来ました。
自慢のボードでかっこいい決めポーズ!

 型紙 ▶ 126ページ　　製作／降矢和子
素材　色画用紙、厚紙、モール

作り方　Lv.★★☆

手足は階段折り
厚紙

作品バリエーション

発泡トレイを使って
モールを通すと、ソリのできあがり。

作り方　Lv.★★☆
手は階段折り
発泡トレイ
穴をあけてモールを通す

ストローを使って
板の先を反らせて、かわいさアップ。

作り方　Lv.★★★
モール
ストロー
ビニールテープを巻く
色画用紙
厚紙
少し反らす

育ちを支えるポイント
手や足の階段折りを教えましょう。伸びたり縮んだり、曲がったり…交互に折ることで体の動きを出すことができます。

飾り方のヒント
階段折りの手足を生かして、動きを出してみましょう。

2月 ようこそ！ペンギンランドへ

ペンギンさんたちが楽しそうにおしゃべりしていると、魚やアザラシもやって来ました！　種類の違う空き箱を集めて様々な大きさや形のペンギンを作ってみましょう！

型紙 ▶127ページ
製作／とりうみゆき

素材 色画用紙、お菓子の空き箱、毛糸、スズランテープ、キラキラ色紙

作り方　Lv. ★☆☆

育ちを支えるポイント

空き箱や空き容器などの廃材をいつでも使えるようにストックしておくとよいですね。たくさん使用する場合は保護者に協力をお願いしましょう。

作品バリエーション

ペーパー芯を体にして
アクセサリーを着けて、おしゃれに着飾りましょう。

作り方　Lv. ★★☆

置き飾りアレンジ

発泡スチロールで作った氷の上でひと休み！寒い冬でも大好きなアイスなら食べられますね！

77

3月

型紙 ▶ 127ページ
製作／とりうみゆき

素材　ペーパー芯、色紙（色・キラキラ）、千代紙、色画用紙、モール

おひなさまがポンッ！

めびなとおびなが寄り添って、春の訪れを喜んでいます。ペーパー芯ならではのぷっくりとした立体感がかわいいですね。色紙とペーパー芯のサイズがピッタリで作りやすいです。

育ちを支える ポイント

できあがったおひなさまを動かして遊ぶ様子が見られたら、心を込めて作った物に愛着のある印です。そっと見守りましょう。

作品バリエーション

紙パックを切って
ピンクのフラワーペーパーを貼ることで、春らしくなりますね。

作り方 Lv.★★☆

おかずカップを使って
おひなさまが座っているみたいでかわいいですね。

作り方 Lv.★★☆

糸電話のおひなさま
作って楽しい、遊んで楽しいおひなさまです。

作り方 Lv.★★☆

置き飾りアレンジ

空き箱で作ったひな壇に入れて飾りましょう。

作り方 Lv.★★☆

台座

3月 小学校へ向かって レッツ☆ゴー

卒園児たちが小学校へ向けて出発！ 先生もみんなのことを応援してくれているよ。子どもたちは様々な素材を自由に使って作りましょう。

型紙 ▶128ページ

製作／いとう・なつこ

素材 色画用紙、段ボール板、飾りに使える物（柄色紙、レースペーパー、ボタン、ボンテン、丸シール　など）、色紙、フラワーペーパー、和紙、モール、不織布、フェルト、リボン

育ちを支えるポイント

「卒園」「小学校へ行く」ことを意識する時期です。「小学校に行ったらどんなことがしたい？」など期待を膨らませながら製作しましょう。

作品バリエーション

お菓子の空き箱でロケットに

扉が開閉できるので、宇宙飛行士を出し入れできます。

作り方　Lv. ★★★

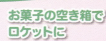

お菓子の空き箱／色紙／ドアを切り抜く（保育者）／クリアフォルダー 切り込みを入れ差し込む／パス／手足を貼る／モール（取っ手）

切り込みを入れて飛行機に

プロペラ付きで、かっこいいですね。

作り方　Lv. ★★★

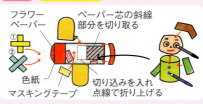

フラワーペーパー／ペーパー芯の斜線部分を切り取る／①②／色紙／マスキングテープ／切り込みを入れ点線で折り上げる

クリアフォルダーと紙コップの気球に

カラフルな気球に乗ってお空の旅に出掛けましょう。

作り方　Lv. ★★★

クリアフォルダーの帯（6枚）／油性ペン／マスキングテープ／丸シール／オーロラ色紙／パンチ穴を重ねて割りピンで留め、球体にする／たこ糸を通す／上部に貼る／紙コップ／丸シール／マスキングテープ／穴をあけてたこ糸を通す

つり飾りアレンジ

気球からは、車やおうちが小さく見えますね。

おめでとう！進級パレード

子どもたちがパレードカーに乗って、園に向かいます！どんな一年になるのか、ワクワクしますね。顔の形や様々なポーズで、個性を出せるのがおもしろいですね。

型紙 ▶ 128・129ページ　　製作／イケダヒロコ

素材　色画用紙

フラワーペーパーを詰めて
ぷっくりとしてカラフルな服になります。

ペーパー芯を使って
クレープ紙のスカートがひらひらしてかわいいですね。

飾り方のヒント
子どもの人数に合わせて車を連結させたり、2階建てにしたり、形を変えるといいですね。道の太さを変えると、奥行きが出ますよ。

育ちを支えるポイント
顔を立体にすることで、インパクトのある壁面に。目や鼻などを付けるときは、円柱の中に手を入れて貼るとよいでしょう。

飾り方のヒント
ケーキの土台を立体的に作り、子どもたちと一緒にフルーツなどの具材を作って貼りましょう。

3月 ケーキでお祝い！

子どもたちの進級をお祝いするために、小鳥たちが気持ちを込めてケーキを作ります。完成まであと少し！

型紙 ▶ 129ページ
製作／とりうみゆき

素材 色画用紙、紙テープ、綿、カラーセロハン、リボン、丸シール、レースペーパー

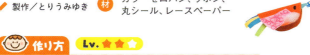

作品バリエーション

作り方 Lv. ★★☆

封筒を折って
手形スタンプがアクセントになります。

おかずカップを使って
おかずカップの形を生かして、羽を表現♪

作り方 Lv. ★★☆

育ちを支えるポイント
早く小鳥を作り終えた子どもは、ケーキに飾るフルーツを作ってみましょう。壁面をみんなで作ることをイメージして素材などを多めに準備するといいですね。

83

3月 思い出フラワー

みんなの一年間の思い出が詰まった花が咲きました。友達も思わず見にやって来ましたよ。自由に絵を入れ替えられるのがいいですね。

型紙 ▶130ページ
製作／降矢和子
素材 色画用紙、柄付き紙皿、クリアフォルダー、モール

育ちを支えるポイント

持ち帰るときには紙皿にパンチで穴をあけてリボンを通し、壁に掛けられるようにします。
おうちでは、クリアフォルダーのポケットに写真などを入れて飾るのもよいですね。

作品バリエーション

お花の思い出ボードにして
コルクボードに思い出の写真や絵を貼りましょう。園生活、どんなことがあったかな？

置き飾りアレンジ

3月 アリさんたちの隠れ家

アリさんの隠れ家をのぞいてみよう！ どんなアリさんがいるでしょう？ 穴を掘っているアリさんやケーキを食べているアリさんなど、様々な話が広がりますよ。

型紙▶130ページ
製作／あきやまりか
素材 色画用紙、カラーセロハン、フラワーペーパー

作り方 Lv.★☆☆

育ちを支えるポイント
5歳児なら、一人でひと部屋を作るのもよいですね。「アリさんのおうちにもテレビがあるよ」「あかちゃんもいるかな？」などイメージが膨らんでいくでしょう。

3月 飛行機に乗って

様々な模様の飛行機に乗って、園の周りをお散歩♪ 空高く飛びます。

型紙・折り図▶131ページ　製作／降矢和子
素材 色画用紙、柄色紙、紙テープ

作り方 Lv.★★☆

柄色紙で作った飛行機

育ちを支えるポイント
「飛行機に乗ってどこに行く？」「誰と行こうか？」「○○組（一つ上のクラス）に出発！」など、イメージを広げる言葉を掛けましょう。

誕生表

森のパーティーのはじまり♪

誕生月の木にかわいい仲間が集まって来ましたよ♪
今からみんなで楽しいパーティーを始めよう！

型紙 ▶ 132ページ　製作／＊すまいるママ＊　素材　色画用紙、モール

育ちを支えるポイント
4月～3月まで四季折々の自然や行事があります。自分の生まれた月はどんな季節なのか、どんな行事があるのかなど、見たことのある生き物や経験したことのある行事について、子どもたちと話し、季節を感じましょう。

かんたんポイント　型紙は1種類！色やモチーフを変えて
木の形は全て同じです。木や数字の色を変えたり、行事のモチーフを加えたりすることで、華やかな仕上がりになります。季節に応じて葉の色を変えてもいいですね。

アレンジ
木とモチーフを入れ替えて誕生日ボードにアレンジ！壁面のスペースを取れない保育室にもピッタリです！

飾り方のヒント
モールを巻いて、キャラクターの持っているクラッカーから飛び出しているように飾ると壁面に動きが出ます。

誕生表 ニンニン！かっこいい忍者の登場だ！

さぁ、忍法の練習です！ 刀や手裏剣などの武器がかっこいいですね。カラフルな雲がワクワクした楽しい雰囲気を出してくれます。

型紙 ▶ 133ページ　　　　　　　　製作／＊すまいるママ＊

素材 色画用紙、毛糸

育ちを支えるポイント

忍者は子どもたちに大人気のテーマです。「どんな武器があるかな？」「どんな使い方をするのかな？」など、声を掛けてみましょう。製作やごっこ遊びにつながって想像力が育まれます。

かんたんポイント 型紙は1種類！色やアイテムを変えて

雲の形は全て同じです。雲や数字の色、手裏剣などのアイテムの組み合わせで、その月の印象が変わりますね。

誕生表 恐竜の赤ちゃんがうまれたよ！

12匹の赤ちゃん恐竜が生まれました。
お母さん恐竜もプレゼントを用意して待っていましたよ。

型紙 ▶ 135ページ　　案／コダイラヒロミ　製作／梅崎時子

素材 色画用紙、ラッピング用緩衝材

育ちを支えるポイント

親恐竜が「生まれてくる」のを待ち望んでいることが伝わり、命を大切にする気持ちや自分自身と友達をお祝いする想いが育まれるでしょう。

かんたんポイント　型紙は1種類！動きを出して

恐竜と卵の形は全て同じです。恐竜はひっくり返したり、手に動きをつけたり、色や模様を変えたりすることで、バリエーションが豊かになりますね。

誕生月

誕生月になったら赤ちゃん恐竜を卵から出してあげましょう。子どもたちも「もうすぐかな？」と出てくるのが待ち遠しくなりますよ。

誕生表 おもちゃの大航海★

おもちゃがヨットに乗って大海原へ！ 大航海の始まりです。
みんなの誕生月にはどんなおもちゃが乗っているかな？

型紙 ▶ 134ページ
製作／とりうみゆき

素材 色画用紙、色紙（色・柄）、キラキラモール、片段ボール

育ちを支えるポイント
ヨットには子どもたちが大好きなおもちゃをイメージして乗せましょう。

かんたんポイント 型紙は1種類！いろいろな素材で

ヨットの形は全て同じです。柄色紙や片段ボールなどいろいろな素材を使って、シンプルでも楽しい雰囲気に仕上げましょう。

誕生月
誕生月のヨットには、キラキラモールにいかりを引っ掛けます。

アレンジ
ヨットを一列に並べて配置を変えたり、子どもの製作物をヨットに乗せたりしてもいいですね。

横長のスペースにぴったり♪

子どもの製作物と合わせて★

飾り方のヒント
丸く切った画用紙の上に緩衝材を貼ると、卵のベッドのように見えます。

誕生表 フルーツパフェを召し上がれ♪

季節の果物が大集合！ 誕生月の果物は、ステージでお祝いです！
かわいくておいしそうな果物に心が躍ります。

型紙▶137ページ　製作／＊すまいるママ＊　素材　色画用紙、モール、キラキラモール、片段ボール

育ちを支えるポイント
果物のカラフルな色が、甘酸っぱい香りや味をイメージさせてくれます。果物の回りには、小さい四角をリズミカルに飾りましょう。保育室が明るくなりますね。

かんたんポイント　丸みを帯びたやさしい形で
果物は丸みを帯びた形なので作りやすいです。やさしい形が柔らかい雰囲気を出しています。

誕生月
ステージを動かして誕生月の果物を主役にお祝いしましょう。

誕生表 カラフル積み木でABC

小人さんたちが積み木でいろいろな形を作りましたよ。
簡単な形の組み合わせなので、楽しみながら作れます♪

型紙 ▶ 136ページ

案／たかしまよーこ
製作／梅崎時子

素材 色画用紙、片段ボール、コルクシート

育ちを支えるポイント

形の組み合わせで様々なモチーフができることに気付いたり、A～Zまでのアルファベットを配置することで英語に興味をもったりする子どももいるでしょう。アルファベットも記号やマークのように形で捉えるきっかけになるといいですね。

かんたんポイント ●▲■の組み合わせだけで

簡単な形の組み合わせなので作りやすいです。コルクシートや片段ボールなど、色画用紙以外の素材を使うとアクセントになります。

アレンジ

子どもたちの好きな物に合わせてモチーフを変えたり、壁面のスペースに合わせて配置を変えたりしてアレンジしましょう。

誕生表 大好きなケーキがいっぱい♡

クリームやフルーツたっぷり！ おいしそうなカラフルケーキに子どもたちも大喜び間違いなし♪

型紙▶138ページ　　案／たかしまよーこ　製作／梅﨑時子

素材　色画用紙、レースペーパー、フラワーペーパー、丸シール、麻ひも

かんたんポイント
型紙3種×色のバリエーションで華やかに

ケーキの形と色の組み合わせを変えることで、12か月のケーキのバリエーションが豊かになりますね。

誕生月
誕生月には、数字のロウソクに火をつけましょう。「ふー！」と消しているウサギさんがかわいいですね。

育ちを支えるポイント
同じ形のケーキを探してみたり、思い思いのケーキを製作してみたりして、友達と一緒に楽しみましょう。「誕生日は大切な日」という認識と、友達をお祝いする気持ちが育まれていくといいですね。

飾り方のヒント
「おたんじょうびおめでとう！」をガーランドにして飾ると華やかさが増します。

誕生表 絵本の主人公が勢ぞろい☆

子どもたちが大好きな絵本の主人公が登場！ 誕生会などに誕生月のキャラクターが出てくる絵本を読んでも楽しいですね。

型紙 ▶ 139・140ページ

案/コダイラヒロミ　製作/梅崎時子

素材　色画用紙、モール

育ちを支えるポイント

日本の昔話や世界の名作童話は、子どもたちに人気があります。知っているお話を友達に伝える子どもの姿が見られるといいですね。ごっこ遊びや劇遊びなどに発展していくとおもしろいでしょう。

かんたんポイント　キャラクター&シンプルな名前プレートで

キャラクターが華やかなので、名前プレートはシンプルな形にしています。丸形にすると、かわいいです。

誕生月

誕生月には、中央の絵本にキャラクターなどを移動させて貼ります。絵本の主人公がお祝いしてくれているみたいに見えますよ。

縦長のスペースに！

誕生表　気球に乗ってふわふわ

動物たちが気球に乗って、空へお散歩に出掛けます♪　柄色紙がアクセントになって明るい雰囲気をつくります。

型紙▶140ページ　　製作／みさきゆい

素材　色画用紙、柄色紙、カラー紙コップ、マスキングテープ、和紙ひも、竹串、発泡スチロール

育ちを支えるポイント
空高く昇っていくと何があるかな？　子どもたちに問い掛けてみましょう。想像が膨らみますね。

誕生月

「おたんじょうびおめでとう」と書いた太陽の裏にゼムクリップを貼り、紙コップの口に付けましょう。

アレンジ

半円に切ったでんぐり紙を丸形の台紙の上に広げて貼ります。丸く立体的な形がかわいいですね。

飾り方のヒント
紙コップ（1/2）の裏側に画用紙を貼ると、立体的に飾れます。中に発泡スチロールを入れて、竹串の旗を刺します。

誕生表　キリン親子のお誕生会♪

ネズミさんもお祝いに来てくれましたよ。キリンさんの体の模様に誕生月と子どもたちの名前が入っていてユニークです。

型紙▶141ページ　　製作／イシグロフミカ

素材　色画用紙、ホログラムシート

育ちを支えるポイント
「親子」のキャラクターで飾ると、「はやくおおきくなりたい」と成長していくことへの期待が高まります。

小さいスペースに！

誕生表　つり飾り
季節のリースでおめでとう！

クマさんとウサギさんが誕生パーティーに来てくれました。月ごとの植物に囲まれて、季節の巡りや変化を感じられますね。

型紙▶142ページ　　素材　色画用紙、麻ひも、木製クリップ
製作／あきやまりか

誕生月
プレゼントを付けた木製のクリップで、誕生月を挟みましょう。

育ちを支えるポイント
「私の生まれた月の植物は何かな？」と、季節の身近な植物に興味が高まりますね。

誕生表　置き飾り
クジラのお誕生ボード

クジラが吹いた潮にのってお魚たちが勢い良くジャンプ！　ボードのサイズを変えたり、壁に掛けて飾ったりしてもいいですね。

型紙▶143ページ　　製作／イシグロフミカ
素材　色画用紙、コルクボード、イーゼル

育ちを支えるポイント
飾る位置を子どもの目の高さに合わせるとより身近に感じることができます。友達をお祝いする気持ちを育みましょう。

誕生月
誕生月の子どもの名前をボードに貼ります。ビーチボールの中の数字も貼り替えましょう。

95

壁面がうまく作れる！かんたん！ラクラク！ 壁面製作術

保育室に飾るイメージをしながら、実際に作っていきましょう！

1 型紙を用意する

まずは、型紙を用意しましょう。
飾る場所や壁面作品、型紙ページのサイズを測り、コピー倍率を計算します。

A 壁面を飾る場所の長さ

180cm

B 作品写真の横の長さ
C 作品写真のパーツの長さ

30cm
4cm

D 型紙ページのパーツの長さ

3cm

計算式

(**A** 壁面を飾る場所の長さ ÷ **B** 作品写真の横の長さ) × (**C** 作品写真のパーツの長さ ÷ **D** 型紙ページのパーツの長さ) ＝ コピー倍率

例　（ **A** 180cm ÷ **B** 30cm ）　×　（ **C** 4cm ÷ **D** 3cm ）＝ 8倍（800％）

裏ワザ1 倍率が大きすぎるとき

1回で大きな倍率のコピーが取れないときは、2回に分けます。（端数は四捨五入）

（例）
300％＝150％×200％
450％＝150％×150％×200％
800％＝200％×200％×200％

裏ワザ2 1枚の用紙に入らないとき

1枚の用紙で入りきらないときは、下記の手順で大きく型紙を作ります。

① コピーをした型紙の用紙を切り分ける。
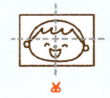

② それぞれを拡大コピーする。
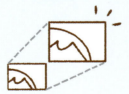

③ テープでつなぎ合わせて完成！
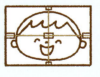

※型紙の線の上はテープを貼らないように気をつけましょう。

裏ワザ ❸ 子どもの作品からサイズを考える

子どもの作るサイズから作りたい型紙のサイズを考えます。

 作りたいパーツの長さ

 3cm 型紙ページのパーツの長さ

→ Ⓔ 作りたいパーツの長さ ÷ Ⓓ 型紙ページのパーツの長さ

2 パーツを作る

それぞれのパーツごとに色画用紙を下に置き、ボールペンや芯を出さないシャープペンシルでなぞり、跡を付けて切り、組み立てていきます。

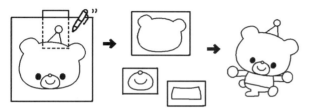

※重なり部分は下にくるパーツに → のりしろを付けておきます。

裏ワザ ❹ まとめて切りたいとき

手足などの同じ形や左右対称のパーツは、色画用紙を重ねてホッチキスで留め、まとめて切ります。切ったパーツは、キャラクターごとに空き箱などに入れておくと組み立てるときに便利です。

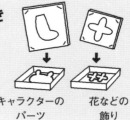

キャラクターのパーツ　花などの飾り

裏ワザ ❺ のりしろを忘れたとき

裏から紙を足して貼り合わせることで、代用できます。

アレンジ

立体感を出す

パーツの裏に段ボール板を貼ったり、厚紙と綿をポリ袋で包むなどして、立体感を出してもいいですね。（P.8のキャラクター／P.30の野菜の作り方　など）

1箇所だけをチェンジ

色画用紙で作ったキャラクターの服を柄色紙に変えたり、丸シールを使って目の形を変えたりするなど、1箇所変化を付けるだけでオリジナルのパーツに！

花：フラワーペーパー
服：柄色紙
目：丸シール

3 壁面に飾る

できあがった素材を組み合わせて、壁面を仕上げていきます。背景になるパーツから順に貼っていきましょう。

両面テープや輪にしたセロハンテープを数か所貼ります。

例　①背景　②キャラクター　③小さなパーツ

裏ワザ ❻ 構図を変えてみる

 キャラクターを中心にする

 キャラクターを端にする

 パーツを規則的に並べる

 世界観を出す

かんたん！お手軽！便利な型紙

本書紹介の4〜3月の壁面・部屋飾り、誕生表の壁面の型紙を掲載しています。
それぞれの園に合わせて拡大率を調整し、コピーしてお使いください。

P.8-9　4月　進級うれしいな♪

P.10-11　4月　お花畑からおめでとう！

P.12 4月 楽しいことがいっぱい★

壁面飾りアレンジ

●拡大率の計算方法はP.96を参考にしてください。

P.13 4月 ミツバチさん、こんにちは！

P.14 4月 サクラが満開♪

ハチの顔

P.15 4月 窓飾り プカプカシャボン玉

P.15 4月 つり飾り なかよし親子モビール

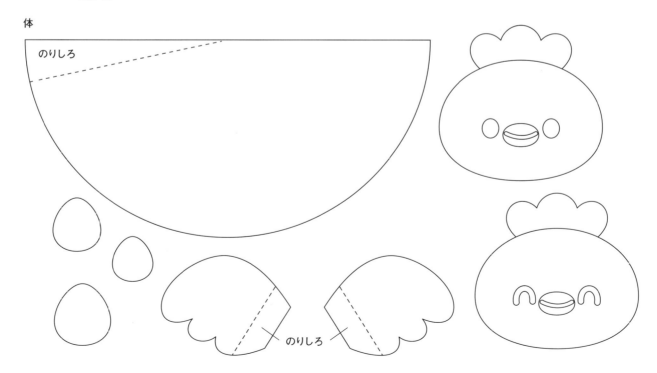

P.16-17 5月 およげ♪ こいのぼり

つり飾りアレンジ

P.18 5月 ヒラヒラ♪ カラフルチョウチョウ

※花は色紙で切り紙にし、周りに散らす花はクラフトパンチを使用しています。

P.19 5月 置き飾り 四つ葉のクローバー探し

P.20-21 6月 カタツムリの行進

雨粒 置き飾りアレンジ 雨粒

●拡大率の計算方法はP.96を参考にしてください。

P.22 6月 どの傘にしようかな？

P.23 6月
お気に入りのレインコート

P.23 6月 雨が大好き♥カエルさん

P.24 6月
るんるん気分のサクランボ♪

●拡大率の計算方法はP.96を参考にしてください。

P.26-27 7月 七夕の夜空にGO!

P.28-29 7月 海底をのぞいてみると

つり飾りアレンジ

●拡大率の計算方法はP.96を参考にしてください。

P.30 7月 元気モリモリ！夏野菜

P.31 7月 真夏の風鈴マンション

P.32 7月 白クマくんのかき氷屋さん

〈紙コップの折り図〉

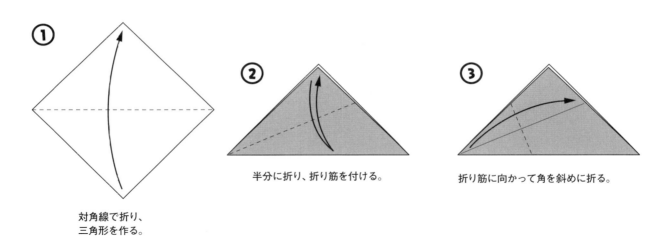

① 対角線で折り、三角形を作る。

② 半分に折り、折り筋を付ける。

③ 折り筋に向かって角を斜めに折る。

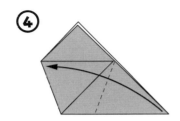
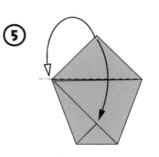
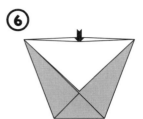

④ 角に合わせて斜めに折る。

⑤ 折り下げる。裏側も同様に折る。

⑥ 広げて、できあがり。

P.33 **7月** つり飾り **カミナリくんのアサガオ**

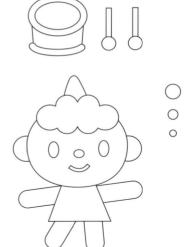

P.33 **7月** 窓飾り **おばけツアーに出発！**

P.34-35 **8月** **虫探しにレッツゴー♪**

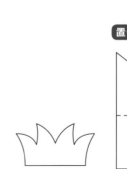
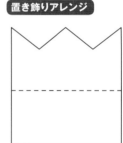

置き飾りアレンジ

●拡大率の計算方法はP.96を参考にしてください。

P.36 8月 金魚すくいにチャレンジ！

P.37 8月 つり飾り 夏祭りがはじまるよ！

P.38 8月 浮き輪で遊ぼう☆

●拡大率の計算方法はP.96を参考にしてください。

P.39 8月
元気いっぱいのヒマワリ

P.39 8月
つり飾り
カモメのお散歩

P.40-41 9月
ブドウ狩りに挑戦！

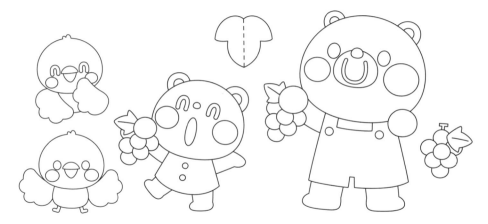

P.42 9月 大きなお団子のできあがり!

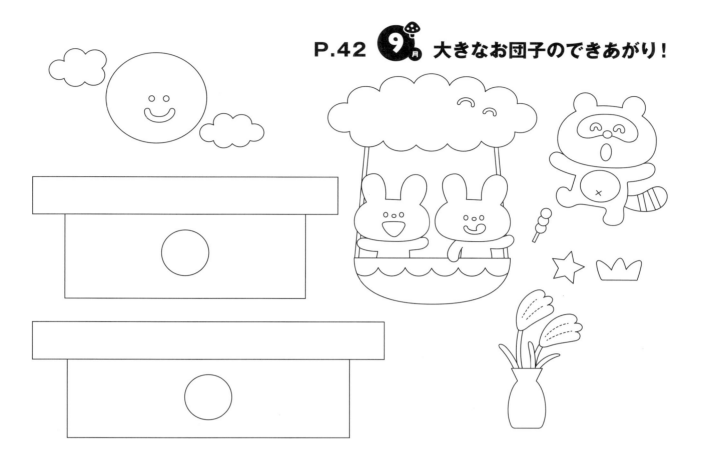

P.43 9月 キノコの音楽隊♪

P.44 9月
カラフルトンボがいっぱい！

P.45 9月
元気いっぱいイガグリくん☆

P.45 9月 ドア飾り
もうすぐ運動会！

P.46-47 10月 出てこい！大きなおイモ！

置き飾りアレンジ

P.48 10月 ハロウィン城に集合！

P.49 10月 お気に入りのリュックで遠足へ

P.50 10月 森の仲間は芸術家

P.50 10月 森の仲間は芸術家

置き飾りアレンジ

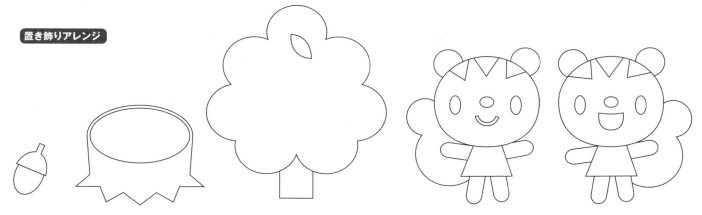

P.51 10月 つり飾り
まんまるリンゴのモビール

P.51 10月 置き飾り
果物列車、しゅっぱ～つ!!

P.52-53 11月 ミノムシさんがお出迎え

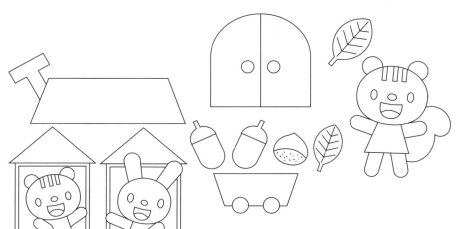

つり飾りアレンジ

※虫食い部分は穴あけパンチでランダムに穴をあけます。

●拡大率の計算方法はP.96を参考にしてください。

P.54 11月 楽しい遊具がいっぱい☆

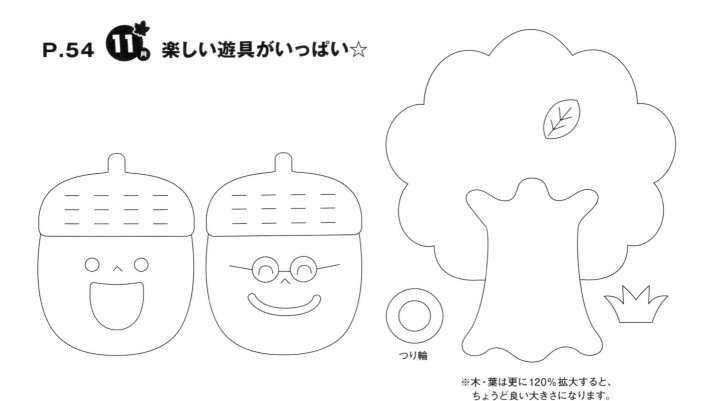

※木・葉は更に120%拡大すると、ちょうど良い大きさになります。

P.55 11月 森のフクロウ学校

※木の学校は更に150%拡大すると、ちょうど良い大きさになります。

P.56 11月 ネズミくんのアトリエにようこそ

〈額縁の折り図〉

①
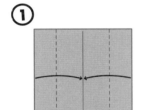
真ん中に合わせて折る。

②
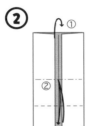
①裏側に半分に折る。
②折り筋を付ける。

③
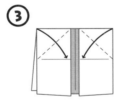
折り筋に合わせ、
三角に折る。

④
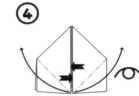
開き、折り上げる。

⑤
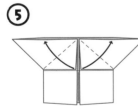
折り上げる。

⑥
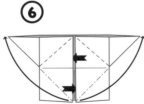
折り筋を使って開き、
折り上げる。

⑦

裏側を折り上げる。

⑧
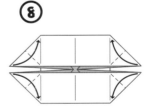
角を合わせて折る。

⑨
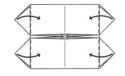
根元から谷折り。

⑩

真ん中に合わせて折る。

⑪

開いて折りを
しっかり付ける。

⑫

できあがり。

●拡大率の計算方法はP.96を参考にしてください。

P.56 11月
温かいシチューは
いかが？

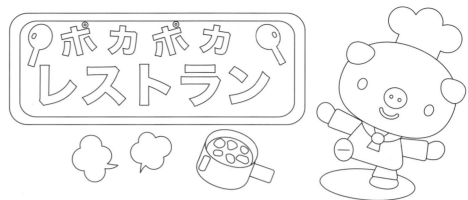

P.57 11月 ぽかぽか★ サルの湯へようこそ！

P.58-59 12月 靴下に願いを込めて☆

置き飾りアレンジ

P.60-61 12月 もうすぐクリスマス★

飾り

P.62 12月 ワクワク！クリスマスパーティー

P.63 12月 サンタさんへお手紙を出そう！

P.64 12月 手袋ファッションショーがはじまるよ☆

※星はシールを使用しています。

P.65 12月 つり飾り
天使に願いをあずけて

P.66-67 1月 今年の願いはなあに？

※その年の干支の動物だけ拡大してもいいでしょう
（P.66-67のネズミは他の動物より更に115%拡大しています）。

●拡大率の計算方法はP.96を参考にしてください。

P.68 1月 だるまさんと一緒にお祝い♪

P.69 1月 きれいなツバキの羽子板☆

羽根（ボトルキャップ用）

P.70 1月 プクプクおもち

置き飾りアレンジ

●拡大率の計算方法はP.96を参考にしてください。　123

P.74 2月 ドキドキ♥バレンタイン

P.75 2月 つり飾り ぽかぽか洗濯日和

●拡大率の計算方法はP.96を参考にしてください。

P.75 2月 動物さんたち、おやすみなさい

P.76 2月 スノーボードでGO!!

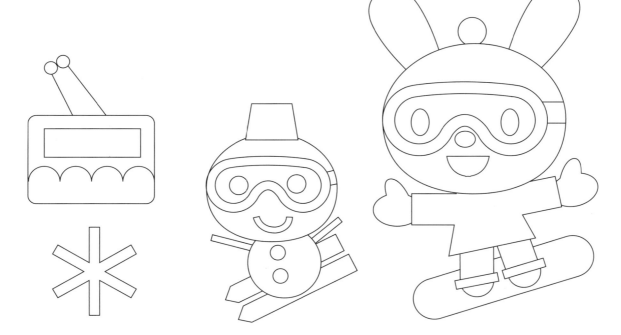

●拡大率の計算方法はP.96を参考にしてください。

P.77 2月 ようこそ！ペンギンランドへ

※氷は更に250％拡大すると、ちょうど良い大きさになります。

P.78-79 3月 おひなさまがポンッ！

●拡大率の計算方法はP.96を参考にしてください。

P.80-81 3月 小学校へ向かってレッツ☆ゴー

※草の上に貼る花はクラフトパンチを使用しています。

つり飾りアレンジ

P.82 3月
おめでとう！ 進級パレード

P.82 **3月** おめでとう！進級パレード

P.83 **3月** ケーキでお祝い！

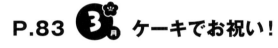

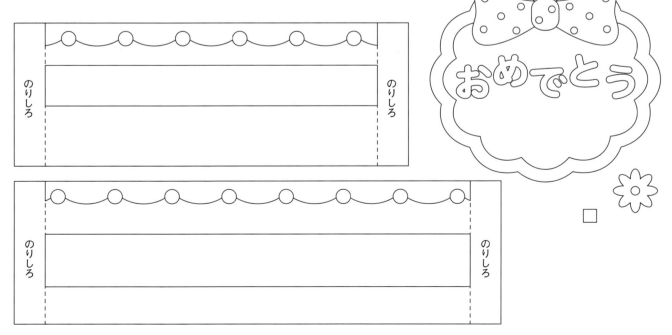

※点線で山折りし、のりしろ部分を壁面に貼る。

●拡大率の計算方法はP.96を参考にしてください。

P.84 3月 思い出フラワー

※茎や葉、花壇は更に150％拡大すると、ちょうど良い大きさになります。

P.85 3月 アリさんたちの隠れ家

●拡大率の計算方法はP.96を参考にしてください。

P.85 3月 飛行機に乗って

〈飛行機の折り図〉

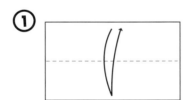

① 長方形の紙を使う。
半分に折り、折り筋を付ける。

② 真ん中に合わせて角を折る。

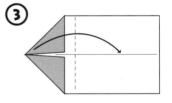

③ 三角のやや右側で谷折り。

④ 真ん中に合わせて角を折る。

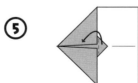

⑤ 中央の三角の部分を折る。

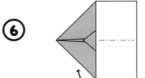

⑥ 裏側に半分に折る。

⑦ 斜めに折り下げる。
裏側も同様に折る。

⑧ 翼を水平に広げる。

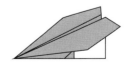

⑨ できあがり。

●拡大率の計算方法はP.96を参考にしてください。

P.86 誕生表 森のパーティーのはじまり♪

クラッカー
アレンジ
ガーランド

P.87 誕生月 ニンニン！かっこいい忍者の登場だ！

爆弾

●拡大率の計算方法はP.96を参考にしてください。

P.88-89 誕生表 おもちゃの大航海★

134　●拡大率の計算方法はP.96を参考にしてください。

P.88-89 誕生表 恐竜の赤ちゃんがうまれたよ！

※吹き出しは更に200％拡大すると、ちょうど良い大きさになります。

●拡大率の計算方法はP.96を参考にしてください。

P.90-91 誕生表 カラフル積み木でABC

魚の泡

P.90-91 誕生表 フルーツパフェを召し上がれ♪

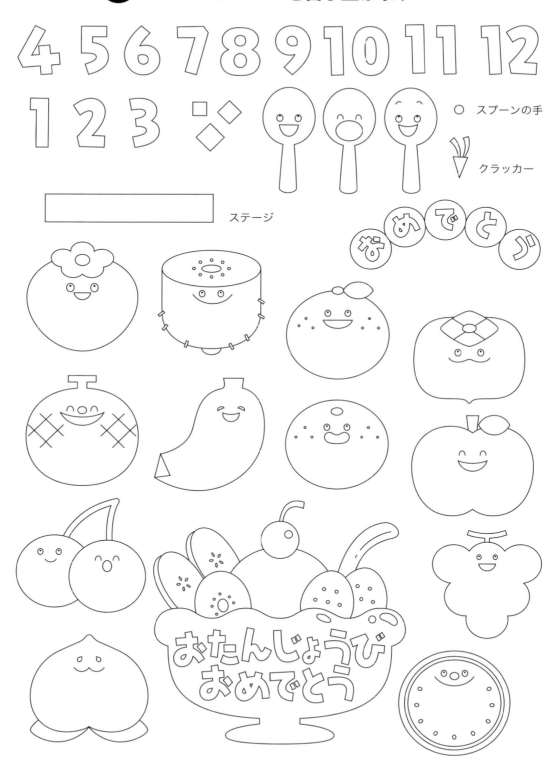

●拡大率の計算方法はP.96を参考にしてください。

P.92 誕生表 大好きなケーキがいっぱい♡

P.93 誕生表 絵本の主人公が勢ぞろい☆

●拡大率の計算方法はP.96を参考にしてください。

P.93 誕生月 絵本の主人公が勢ぞろい☆

※絵本は更に120%拡大すると、ちょうど良い大きさになります。

P.94 誕生月 気球に乗ってふわふわ

P.94 キリン親子のお誕生会♪

P.95 誕生表 つり飾り 季節のリースでおめでとう！

P.95 誕生表 置き飾り クジラのお誕生ボード

※12か月分の数字はP.141のものを更に260%拡大すると、ちょうど良い大きさになります。

●拡大率の計算方法はP.96を参考にしてください。　143

監修・執筆

内本 久美（うちもと くみ）

大阪教育大学（美術専攻）卒業
四天王寺大学短期大学部 専任講師

主な著書
『カンタン！ スグできる！ 製作あそび』
『カンタン！ スグできる！ 製作あそび2』
『2・3・4・5歳児の 技法あそび実践ライブ』
『製作よくばり図鑑』

壁面＆部屋飾り 製作・キャラクター

- あきやまりか
- ＊すまいるママ＊
- イケダヒロコ
- たかしまよーこ
- イシグロフミカ
- とりうみゆき
- いとう・なつこ
- 藤江真紀子
- うえはらかずよ
- 降矢和子
- 梅﨑時子
- みさきゆい
- くるみれな
- むかいえり
- コダイラヒロミ

STAFF

本文イラスト
きたがわめぐみ・とみたみはる

作り方・型紙イラスト
坂川由美香（AD・CHIAKI）・あきやまりか・イケダヒロコ・イシグロフミカ・いとう・なつこ・うえはらかずよ・くるみれな・＊すまいるママ＊・たかしまよーこ・とりうみゆき・藤江真紀子・降矢和子・みさきゆい・むかいえり

アートディレクション　大薮胤美（フレーズ）
本文デザイン　鈴木明子（フレーズ）
写真撮影　佐久間秀樹・山田博三
編集協力　堤谷孝人
撮影協力　社会福祉法人 松輪会
　　　　　　きらら保育園（大阪市）
企画協力　保育教材研究会
校　　正　三好　陽
企画編集　松尾実可子・三宅　幸・北山文雄

※本書は、『月刊 保育とカリキュラム』2019年4月号臨時増刊号に加筆・修正し、単行本化したものです。

本書掲載イラスト、デザイン使用の許諾と禁止事項

本書掲載イラストおよびデザインは、ご購入された個人または一施設・団体が、営利を目的としない掲示物、園だより、学校新聞、社内報、私的範囲内のカード類に自由に使用することができます。ただし、以下のことを遵守してください。

○他の出版物、企業のPR広告、商品広告、企業・店のマークなどへの使用や、園児募集ポスター、園バスのデザイン、その他の物品に印刷し販促に使用または商品としての販売、インターネットのホームページ（個人的なものも含む）などの使用はできません。無断で使用することは、法律で禁じられています。なお、イラストを変形、または手を加えて上記内容に使用する場合も同様です。

○本書掲載イラスト等を複製し、第三者に譲渡・販売・頒布（インターネットを通じた提供も含む）・賃貸することはできません。
（弊社は、本書掲載イラスト等、すべての著作物を管理しています。）

かわいい壁面＆部屋飾り

2019年11月　初版発行
2023年1月　第5版発行

監修・執筆　内本久美
発行人　岡本 功
発行所　ひかりのくに株式会社
　〒543-0001　大阪市天王寺区上本町3-2-14
　TEL06-6768-1155　郵便振替00920-2-118855
　〒175-0082　東京都板橋区高島平6-1-1
　TEL03-3979-3112　郵便振替00150-0-30666
　ホームページアドレス　https://www.hikarinokuni.co.jp
印刷所　大日本印刷株式会社

本書のコピー、スキャン、デジタル化等の無断複製は著作権法上での例外を除き禁じられています。本書を代行業者等の第三者に依頼してスキャンやデジタル化することは、たとえ個人や家庭内の利用であっても著作権法上認められておりません。

© 2019 KUMI UCHIMOTO
乱丁、落丁はお取り替えいたします。

Printed in Japan
ISBN978-4-564-60922-0
NDC376　144P　26×21cm